Heidi Schmitt studierte in Heidelberg Germanistik und Musikwissenschaft, steckte Leidenschaft, Schriftgut und Zeit jedoch lieber in wechselnde Kabarettformationen. Sie schrieb für Funk und Vergnügen, bis sie der Höchste, vielleicht aber auch nur eine Werbeagentur, abberief. Fortan war es leichter möglich, Lebensmittel, Taschen und Schuhe zu handelsüblichen Preisen zu erstehen und sogar zu wohnen. Sitzende Computertätigkeit führte direkt zum Laufen, was wiederum direkt zu sitzender Computertätigkeit führte: Seit 2007 gibt es den Blog laufen-mit-frauschmitt.de. Für ihr erstes Buch „Jubiläumsbecher in der Busspur" erhielt Heidi Schmitt den Selfpublisherpreis der Leipziger Buchmesse, autoren@leipzig Award 2013. Die Autorin läuft, lebt und arbeitet aus Versehen in Frankfurt.

Heidi Schmitt

Komm, wir laufen aus.

Neues und Merkwürdiges aus dem Leben einer Läuferin.

Bibliografische Information der Deutschen Nationalbibliothek:
Die Deutsche Nationalbibliothek verzeichnet diese Publikation in
der Deutschen Nationalbibliografie; detaillierte bibliografische
Daten sind im Internet über http://dnb.dnb.de abrufbar.

© 2014 Heidi Schmitt

Umschlaggestaltung: Nina Seitz
Umschlagfoto: Gortincoiel, Photocase.de
Korrektorat: Kerstin Thürnau

Herstellung und Verlag: BoD – Books on Demand, Norderstedt
ISBN: 978-3-7357-5041-9

„I don't trust joggers.
They're always the ones that find the dead bodies.
Just saying."

(Anonymus, 21. Jhd.)

Inhalt

Verpflegungsstelle.

Was man zum Laufen braucht.

Laufen mit Startschuss.

Läufer-Glossar.

Danke.

Vorwort des Rennschwaben.

Was ist das Besondere an der Lauferei? Ganz einfach: nichts! Ja, ganz ehrlich: Laufen ist so ... so einfach. Linkes Bein vor das rechte, leichte bis keine Flugphase, rechtes Bein vor das linke, usw. Wir schnaufen, hecheln, keuchen, wir schwingen die Arme mit – wie es uns gefällt – und weiter, immer weiter. Das ist Laufen. Und weil das alles so einfach ist, tun es mittlerweile viele Menschen. Zumindest versuchen sie es immer wieder, sie fangen an, hören auf, fangen wieder an ... Läuferinnen und Läufer stammen vom Bären ab. Dies kann deshalb als sicher gelten, da die meisten im Frühjahr aktiv werden und sich ab Oktober wieder in ihre Höhlen zum Winterschlaf zurückziehen.

Laufen ist also einfach. Doch diese Einfachheit, ja, diese geradezu als genial einzustufende Natürlichkeit der Lauferei, kann so nicht hingenommen werden. Aus diesem Grund haben sich viele Experten auf den Weg gemacht, den Menschen das Laufen zu erklären. Es gibt Lauf- und Fitnessmagazine, Ärzte, Wissenschaftler, Weltmeister und Olympiasieger. Alle meinen es gut mit dem Laufvolk. Die Experten wissen unglaublich viel (Lauf-ABC, Fatburning, Vorfußlaufen, Pronation, HIIT, Buffer) und können (fast) alles erklären.

Und jetzt also das Buch „Komm, wir laufen aus" von Heidi Schmitt. Auch das noch! Aber mitnichten. Dieses Buch lässt die besagten Experten alt aussehen, denn sie werden einmal wörtlich genommen. Hier wird Laufen so beschrieben, wie wir Läuferinnen und Läufer es tatsächlich erleben. An erster

Stelle steht die Selbstironie und gibt es nichts Schöneres, als über sich selbst zu lachen. Dazu kommt das Lebens-, nein, das Laufgefühl, das da heißt: Freude und Spaß.

Kurzum: Laufen ist einfach nur schön und dieses Buch beschreibt dies vortrefflich. Kompliment dazu, liebe Heidi!

Herzliche Grüße,
Dieter Baumann

Vorwort der Autorin.

Wissen Sie, bei meinen Büchern überlasse ich nichts dem Zufall. Schon bei meinem letzten Werk habe ich sehr darauf geachtet, dass der Titel markant und merkfähig ist, das Coverbild große Gefühle auslöst. Deshalb habe ich es „Jubiläumsbecher in der Busspur" genannt und Klohäuschen darauf abgebildet. Wer jemals bei einem langen Lauf nicht nur die Notwendigkeit für, sondern auch eine plötzliche Chance auf eine würdige Toilette inklusive Papier gesehen hat, weiß, welch tiefe Emotionen dieses Ereignis auslösen kann.

Auch mit dem Titel war ich sehr zufrieden: Amazon und Google zeigen Abbildungen von Zinnbechern aus dem Baltikum und Steingut mit der Aufschrift „10 Jahre Heizungsbau Schaarschmidt", das bedeutet, dass der Begriff des Jubiläumsbechers über enorme Relevanz verfügt. Und vor allem: über Suchvolumen. Menschen geben es bei Google ein. Ganz gleich, was Sie heute backen, klöppeln, singen oder nach Zahlen ausmalen – das vielleicht nur als Tipp von mir – achten Sie unbedingt darauf, dass es Suchvolumen hat. Wer das Suchvolumen missachtet, liegt eines Tages vergessen und holzig in der Wohnung und erlangt erst dann wieder Relevanz, wenn ein Nachbar „In unserem Treppenhaus riecht's komisch" bei Facebook eingibt.

Bei diesem Buch habe ich meine Bemühungen noch verschärft. Umfangreiche Marktforschung hat gezeigt, dass das Werk dann besondere Akzeptanz erfährt, wenn der Begriff

„laufen" im Titel genannt wird und auf dem Cover erkennbar gelaufen wird. Ich habe über die Textlänge und Schriftfarbe abstimmen lassen und iPads verlost. Eine Community durfte sich Themen wünschen und darüber entscheiden, wie schnell ich bei den jeweiligen Laufberichten laufen soll. Ich habe über das Wetter geschrieben und regelmäßig Tiere eingebaut. Derzeit suche ich noch eine Stelle, an der ich mich unauf- und abfällig über die Deutsche Bahn äußern kann, Nordic Walker werden bereits ausreichend verhöhnt. Auch Katzenbilder sind vorgesehen. Kurz: Es besteht kein Zweifel darüber, dass Sie einen Bestseller in Händen halten. An mir liegt es jedenfalls nicht.

Und ich bin recht zuversichtlich, dass es an Ihnen auch nicht liegt. Dass Sie Spaß haben werden an den Geschichten übers Laufen, auch wenn Sie vorher nicht darüber abgestimmt haben. Denn in Wahrheit ist es das, wofür ich mich ins Zeug geworfen habe. Mit keiner Befragung, aber mit großer Lust am Erzählen über eines der schönsten Hobbys, das man sich nur vorstellen kann.

Besonders ans Herz legen möchte ich Ihnen das Läufer-Glossar, das eigens für dieses Buch entstand. Vielleicht können Sie es ja mal brauchen, um sich bei Nicht-Läufern verständlich zu machen. Die meisten anderen Texte sind hie und da erschienen, etliche davon bei laufen-mit-frauschmitt.de.

Viel Vergnügen beim Laufen und Lesen.

Frau Schmitt (2014)

.

Laufen durch die Jahreszeiten.

Die Entdeckung der Welt.

Wie lange haben wir darauf gewartet! Es sprießt und blüht und knospt, dass es nur so eine Art hat. Endlich können wir den Hals wieder recken und müssen ihn nicht vor Wind und Wetter einziehen wie eine depressive Schildkröte. Endlich werden wir wieder länger laufen. Nur wo? Nun hat ja jeder Läufer so seine „Hausstrecke". Was eigentlich ein komisches Wort ist. Schließlich müssen wir erst das Bett (das ist der Brutkasten mit der Biber-Bettwäsche), dann die Küche (das ist der Raum, in dem das Jumboglas Nutella siedelt) und schließlich das Haus (das ist das Gebäude, in dem es immer warm und trocken ist) verlassen, um loszulaufen. Es handelt sich also eher um eine Aus-dem-Haus-Strecke. Vielleicht nennt man es aber auch so, weil wir unterwegs bei fremden Häusern immer in die Fenster gucken, vor allem, wenn es durch die lüftungshalber geklappten Dunstscharten nach Zwiebeln und Bratkartoffeln riecht. Sei's drum.

Stürmen wir also den Park. Für viele Läufer sind angelegte und ausgetretene Wege die Strecke der Wahl. Man dreht seine Runden (Parkbank – Brunnen – Kiosk – Denkmal – Parkbank) und muss nicht weiter nachdenken. Das Gehirn begibt sich in den Meditiermodus. Neben der Gruppe der Meditierer gibt es jedoch noch eine weitere: die der Entdecker. Die Nachfahren von Magellan und Marco Polo versuchen es statt mit der Seefahrt lieber zu Fuß – und hoffen dabei neue Welten zu erobern, die nie ein müffelnder Neutralschuh zuvor gesehen hat. Nach dem Motto: „Ich wollt' schon immer mal wissen, wo es dort hingeht" folgen sie dubiosen Pfaden ins Unterholz, kreuzen wochenends ausgestorbene Industriegebiete und lassen sich auch von Mauern und Zäunen nicht unbedingt bremsen. Ihr größter Triumph ist es, am Ende wieder an einer ihnen bekannten Ecke zu landen und von dort aus mit dem Lächeln des Unbesiegbaren nach Hause zurückzukehren, eine neue Hausstrecke im Gepäck. Früher war diese abwechslungsreiche Art des Laufens nur den Menschen vorbehalten, die das Glück eines Orientierungssinnes kennen. Heute hilft ein Smartphone mit GPS und Lauf-App über ein Fehlen dieser Fähigkeit hinweg. Ich kann deshalb jedermann und jedefrau nur ermuntern, einmal die Park-Aschenbahn zu verlassen und etwas ganz Neues auszuprobieren. Fast immer wird man reich belohnt. Mit Vorgärten, in denen der weltweit hässlichste Gartenzwerg wohnt. Mit einem Ziegengatter am Waldrand. Oder versteckten Erdbeerfeldern. Jetzt ist die beste Zeit dafür: Raus aus dem Trott, rein in die unentdeckten Weiten der eigenen Heimatgemeinde. Dafür haben wir schließlich damals Laufen gelernt – um die Welt schrittweise zu erobern.

Das hitzige Gemüt.

Das durch Sonneneinstrahlung aufgeheizte Gemüt ist ein einfaches. Deshalb muss man ihm immer wieder einhämmern, wie, wann und warum man im Sommer zu laufen hat. Ich habe darüber unzählige Tipps gelesen und möchte an dieser Stelle die zehn wichtigsten zusammenfassen, besonders für alle diejenigen, die die letzten Jahrzehnte im Wachkoma und/oder am Polarkreis verbracht haben.

1. Wenn die Temperaturen deutlich über 30 Grad steigen, muss man keine Jacke mitnehmen.
2. Mittags ist es wärmer als etwa früh am Morgen. Wer extrem ausgefuchst ist und alle Tricks kennt, läuft deshalb mittags nicht.
3. Wenn man Intervalle nicht mag, könnte man sie allerdings mittags machen, dann kommt man rasch in ein kühles Klinik-Bett.
4. Wenn die Sonne scheint, sollte man eine Kappe tragen, sonst hat man nach Beendigung des Trainings eine Röstzwiebel auf dem Hals.
5. Es kann vorkommen, dass man Durst bekommt, wenn es warm ist. Dann sollte man etwas trinken.
6. Auch hinterher könnte man Durst bekommen. Dann sollte man nochmal trinken. Zahlreiche Studien von Instituten, die eigens dafür gegründet wurden, haben herausgefunden, dass es günstig wäre, eine Flüssigkeit zu trinken, in der etwas von dem drin ist, was man in den letzten Stunden verloren hat. Weitere, mehrjährige Studien brachten zutage, dass es sich dabei um Salz und Mineralien handelt.

7. Auch wenn man ganz viel Durst hat, soll man nicht saufen wie Harald Juhnke.

8. Wenn die Ozonwerte bis zum Fahrverbot steigen, ist man beim Training nicht so schnell wie sonst.

9. Auf dem Standstreifen einer frisch geteerten Autobahn ist es manchmal wärmer als im Wald – einfach mal ausprobieren!

10. Wenn einem richtig warm ist, kann man sich etwas Wasser über den Kopf schütten. Das sieht nicht gut aus, aber es macht nass.

Fifty shades of rain.

Der Eskimo kennt 400 verschiedene Wörter für Schnee. Das steht im Internet, also muss es stimmen. Leider steht auch im Internet, dass es nicht stimmt und wenn das wiederum stimmt, dann würde es ja bedeuten, dass es doch nicht stimmt. Im Dunkeln des Kellers eines geistig zerrütteten Forschers liegt auch die Frage, wie viele Wörter die Egelsbacher für Schnee kennen. Und ob es in Egelsbach überhaupt schneit. Wir lassen die Frage dort unberührt liegen und wenden uns lieber dem Thema „Regen" zu. Tatsache ist, auch wenn es noch nicht im Internet steht, dass der Volksläufer des Jahres 2013 mit diversen, auch seltenen und längst totgeglaubten Farben und Formen des Regens vertraut werden konnte. Da jedoch die wenigsten Sprachwissenschaftler volkslaufen, gibt es über die Terminologie in der Nassforschung noch Streitigkeiten. Ich möchte diese Stelle nutzen, um ein wenig Klarheit ins Trübe zu bringen. Als Musterexemplar soll mir dafür der „Koberstädter Waldmarathon" in Egelsbach dienen, der sich hervorragend zur vielfältigen Regenbestimmung eignet. Beim Start des Halbmarathons, den ich heute absolvieren will, wird offenbar, dass ich etwas Wichtiges vergessen habe. Ich habe es verabsäumt, mir heute Nacht um drei den Wecker zu stellen, um meine Garmin Uhr auf Satellitensuche zu schicken. So eine Fahndung nach Objekten im Weltraum ist nichts, was die Uhr mal eben kurz vorm Start erledigen kann, sie braucht dafür Zeit, Ruhe und Muße. Und vor allem: Sie kann nicht, wenn jemand guckt. Dann fühlt sie sich gehetzt und beobachtet. Nun aber soll die Uhr drei Minuten vor dem Start einen Satelliten finden – absurd! So ein Satellit kreist in 20.200 km Höhe um die Erde, wie soll das denn gehen! Und dann dauernd diese aufdringlichen Blicke auf das Display! So kann der Garmin nicht arbeiten. Der Startschuss fällt, die Zeit läuft, die Uhr nicht.

Gleichzeitig beginnt sich die erste Form des Regens im Läuferfeld anzusiedeln. Es handelt sich dabei um so genannten Clementinischen Regen, benannt nach einer Waschmittelwerbefigur der 1970er-Jahre. Den Clementinischen Regen gibt es beim Vorwaschen und beim Hauptwaschen, denn er ist sehr gut geeignet, alles, was ihm unter die Tropfen kommt, erst einmal einzuweichen. Er ist durchdringend und allumfassend. Nach drei Minuten sind wir komplett durchnässt. Während der Regen ganze Arbeit leistet, ist der Garmin noch immer nicht ganz bei sich. So plötzlich ist ein Start mit ihm nicht zu machen. Unter dicken Tropfen auf dem Uhrglas schiebt sich ein Ladebalken wankelmütig nach vorne und wieder zurück. Erst kurz vor dem ersten Kilometerschild zeigt die Uhr, dass sie jetzt bereit wäre. Wenn es denn unbedingt sein müsste.

Das Feld im Wald macht einen wenig ambitionierten Eindruck. Vielleicht liegt es daran, dass wir relativ weit hinten laufen, vielleicht am himmlischen „Pflegeleicht"-Programm. Wir sind ebenfalls nicht gerade übertrieben ehrgeizig. Wer mit einer Zahnfleischentzündung kämpft, sollte sich mit Höchstleistungen besser zurückhalten, ich nehme das Ganze eher als Trainingslauf. Beim 35-jährigen Jubiläum in Egelsbach zu fehlen, wäre keine schöne Alternative gewesen. Wenn man gemütlich läuft, entdeckt man auch eher die Schönheiten der Strecke. Eine Bestimmung unterschiedlicher Grüntöne wäre hier ebenfalls denkbar gewesen. Der Wald dampft und wird gerade gründlich durchsaftet. Der Clementinische Regen hat sich inzwischen in eine Phase des sogenannten Perlenvorhangregens gewandelt, der ein Erscheinungsbild entwickelt, wie man es von Hinterzimmerabtrennungen muffiger Antiquariate kennt. Wenn man gut darauf achtet, kann man es beim Durchlaufen sogar klickern hören. Der Perlenvorhangregen ist recht dicht. Danach jedoch entsteht ein unaufdringlicher Sprachfehlerregen, der leicht und luftig daher kommt, als würden himmlische Heerscharen mit massivem S-Fehler durch „Super!"-Rufe die Anfeuerung übernehmen.

Wir laufen im 6er-Schnitt und fühlen uns kommod. Auf einen Drink bei Kilometer 5 haben wir verzichtet, man rief „Wasser!", und wir fanden, dass Schuhe, Socken und Kleidung bereits genügend davon aufgenommen haben. Zur inneren Anwendung sind wir noch nicht bereit. Es dauert gar nicht lange, bis die ersten Marathonläufer an uns vorbei eilen, die lange vor uns gestartet sind und zwei Runden absolvieren müssen. Man hat sie ohne ein Führungsfahrrad auf die Strecke geschickt und die armen Jungs müssen sich nun durch die ganzen nassen Säcke und Säckinnen schieben. Schön ist das nicht. Besonders wenn solche Läufer überholt werden müssen, die am inzwischen weit verbreiteten Ohrenpilz leiden. Bei diesem Gebrechen, dem auch durch Fungizide nur sehr schwer beizukommen ist, sind die Ohren von einem trommelfellverstopfenden Pilz befallen. Er ist von außen deutlich zu erkennen durch sein lang gezogenes Myzel, das bis an die Taille reichen kann. Läufer mit Ohrenpilz können von hinten kommende schnelle Läufer nicht hören. Oft breitet sich die Erkrankung bis ins Gehirn aus und befällt dort vor allem Areale, die die Reaktionsfähigkeit steuern. Macht man solche Läufer etwa durch lautes Rufen darauf aufmerksam, dass Platzbedarf besteht, reagieren sie durch ihre eingeschränkten Fähigkeiten faultiergleich oder auch gar nicht. Da sich der Ohrenpilz inzwischen in Läuferkreisen, aber auch in Läuferquadraten epidemisch ausgebreitet hat, haben die Marathonläufer in Egelsbach kein einfaches Leben.

Während wir unverpilzt weiter laufen, schließt sich ein L'Oréal-Regen an. Er wird so genannt, weil er in der Lage ist, selbst wasserfeste dekorative Kosmetik mühelos hinwegzuspülen. Das setzt eine gewisse Intensität voraus, die eine porentiefe Wirkung hat. L'Oréal-Regen erfordert häufiges Über-die-Augen-Wischen und das Hinwegpusten an der Nase baumelnder Regentropfen. Er hat eine geringere Tropfen-Frequenz, aber eine deutlichere Tropfen-Größe als der Clementinische Regen. Der L'Oréal-Regen wird abgelöst durch den Trinkflaschenregen, ein Niederschlag, der ähnlich fein daherkommt, wie wenn man den Nippel einer Sporttrinkflasche anhebt und sich darin etwas Kohlensäurehaltiges befindet. Er ist gleichwohl flächendeckend.

Wir haben inzwischen über die Hälfte der Strecke hinter uns gebracht und fühlen uns munter. Besonders die letzte Regensorte ist recht angenehm und sorgt für irisches Lebensgefühl. Das wird allerdings gestört durch deutsch sprechende Menschen hinter uns, die eine typische und lautstarke

Läuferkonversation führen. Sie berichten sich gegenseitig darüber, warum und wie und wozu sie jetzt hier und heute laufen. Und natürlich darf auch die übliche Tiefstapelei nicht fehlen, sowie der Überblick über vergangene und zukünftige Laufprojekte. Es ist eines dieser bohrend langweiligen Gespräche, an denen Läufer stets gern mit leuchtenden Augen teilnehmen. Es hallt im Wald. Und hört nicht auf. Es sind diese Momente, in denen man sogar dankbar wäre, an einem Ohrenpilz erkrankt zu sein. „Der einzige Grund, heute hier nicht anzutreten", sagt einer der Talkmaster, „wäre, wenn das Wetter richtig blöd gewesen wäre." Während mir einige Tropfen von meinem Pony, der seine Aufnahmekapazität schon längst überschritten hat, ins Gesicht stürzen, denke ich darüber nach, was „richtig blödes Wetter" sein könnte. Vielleicht ein Meteoritenhagel. Die Talkshow kommt näher, zieht aber nicht vorbei. Zum Glück kommt jetzt ein Getränkestand, ein kleines Päuschen wird hoffentlich den Abstand wieder erhöhen.

Der Wald sieht jetzt so ehrwürdig aus, dass man ihn nur noch als Forst bezeichnen sollte, vielleicht wäre „Herr Professor Forst" sogar noch angemessener. Es sind im Grunde nur Bäume, aber in ihrer Menge übertreffen sie doch das Läuferfeld bei Weitem und das ist mit vielen Hundert Läufern schon recht imposant. Aber eine derart stoische Ruhe ist Läufern nun mal nicht eigen, auch sind Bäume Läufern in der Aufnahme von Regenwasser überlegen. Und es gäbe sicher noch viele weitere gute Pflanzeneigenschaften, die die Wahl zwischen Mensch und Baum zuweilen knifflig werden lässt. Zu den herausragenden Charakteristika von Bäumen gehört, dass sie während eines Volkslaufs nicht sprechen, nicht einmal mit gedämpfter Rinde oder hinter vorgehaltenem Blatt. Ich bin nun wieder auf die Talkshow aufgelaufen und muss mich entscheiden. Zurückfallen lassen oder Gas geben und abhauen. Ich muss es versuchen. Ich ziehe an. Es gelingt mir zunächst nur, mich ein wenig abzusetzen – dann aber setzt der sogenannte Gnadenregen ein. Der Gnadenregen ist so wasserreich und laut, dass dahinterliegende Gespräche unverständlich werden. Es prasselt auf uns hernieder und der Waldboden ist langsam hackedicht und sternhagelvoll. Es geht einfach nichts mehr rein. Langsam wird es pfützig.

Ich bin ganz froh, dass der Gnadenregen jetzt in Treibregen übergeht, das ist die Sorte Schauer, die bei Läufern für eine Beschleunigung sorgt, um einer derartigen Sauerei nur möglichst kurz ausgesetzt zu sein. Nach einer kurzen Treibregenphase folgt eine besondere Regenform, die ich bereits vom diesjährigen Volkslauf in Wiesbaden-Naurod kenne. Es handelt sich dabei um Scheißregen (lat. pluvia merda), eine Regenform, die häufig nach mehreren Stunden Laufen bei unterschiedlichsten Regenarten auftritt. Sie gibt mir den Rest und die Sporen. Ich will ins Stadion. Zur unvergleichlichen Egelsbacher Pepsi, ein Getränk, das ich nur einmal im Jahr, hier, zu mir nehme. Ich will trockenen Kuchen und ebenso trockene Kleidung. Ich laufe los. Den letzten Kilometer absolviere ich entschlossen in 4:43.

Normalerweise regnet es beim Koberstädter Waldmarathon in Egelsbach bestenfalls, wenn man das Ziel bereits erreicht hat, das ist dann der so genannte Heringhaus-Schauer, benannt nach dem wetterfesten Stadionmoderator Jochen

Heringhaus. In diesem Jahr könnte man also umgekehrt darauf hoffen, dass sich der Himmel nach Zielankunft verschließt. Doch es regnet einfach weiter. Dieser Regen hat keinen Namen. Ich nenne ihn den Nicht-Aufregen, weil nichts nutzloser ist, als sich über das Wetter zu ärgern. Viel besser ist es, darunter und dazwischen durchzulaufen, als wär nichts. Alles Weitere überlasse ich der Forschung.

Alle Jahre wieder.

Weihnachten ist der härteste Wettkampf im Jahr. Doch statt einer guten Platzierung gibt's nur Plätzchen. Und zum Kampf mit dem inneren Schweinehund kommt der mit der äußeren Schwiegermutter. Dabei könnte alles so einfach sein. „Driving home for Christmas", singt Chris Rea. Von laufen hat keiner was gesagt. So fängt es doch schon mal an. Die Weihnachtsfeiertage fordern eine mentale Stärke von uns, wie wir sie sonst bestenfalls beim Ultralauf einsetzen müssen. Auf uns wartet eine Art Quadrathlon der Mahlzeiten, jede einzelne Etappe eine besondere Herausforderung. Und obwohl wir genau wissen, was uns erwartet – trainieren lässt sich diese Härte kaum. Eine Freundin berichtete, ihre Mutter bereite jedes Jahr ein Gericht namens „Schlossgeheimnis" zu, eine Art Auflauf mit einer Überdosis Sahne und Käse. Das „Geheimnis" ist demnach zwar keine Überraschung, trifft die gesamte Familie jedoch alljährlich wie ein Mann mit dem Hammer. Wollte man sich als Läufer auf Mahlzeiten dieser Art vor-bereiten, wäre man bald bestenfalls als Walker unterwegs. Was nicht bedeutet, dass Läufer Asketen sind. Im Gegenteil – das berühmte Runner's High stellt sich in der Regel oft erst beim Anblick eines vollen Glases Weizenbier ein.

Am Anfang der Feiertage ist ja auch noch alles gut. Ist Weihnachten erst einmal straff durchgeplant (am 24. bei den Schwiegereltern, am 25. mittags bei Oma, nachmittags bei der Cousine, am 26. bei den Eltern), kann Entspannung eintreten. „Jetzt wird's gemütlich!", ruft die Mutter beim

Öffnen der Tür und die Familie ergibt sich ihrem Befehl. Man isst eine Kleinigkeit, dann trinkt man, dann isst man wieder, diesmal eine größere Kleinigkeit. Dann trinkt man wieder etwas. Von der Besinnlichkeit zur Besinnungslosigkeit ist es nur ein kleiner Schritt und deshalb probiert man noch den guten Roten. „Wusstet ihr, wie viele Antioxidantien im Rotwein stecken?" „Donnerwetter." Noch fühlt der Läufer sich wohl. Allerdings – ein kleiner Spaziergang wäre vielleicht nicht schlecht. „Draußen ist es so ungemütlich!", ruft die Mutter. „Außerdem gibt es gleich Kaffee." Das Wetter ist wie immer an Weihnachten: 8 Grad, Regen.

Der Läufer probiert alle Plätzchensorten (9) und verspürt das erste Mal leichtes Unbehagen. Vielleicht eine Art Sauerstoffmangel. Der Schwager raucht Zigarre. Beim Kirchgang hat der Läufer Glück: Er darf sich bewegen. Zum Auto, vom Auto zur Kirche und zurück. Besser als nichts. Danach gibt es Essen. Das Kind quengelt. Höchste Zeit für die Bescherung. Alle in der Familie wissen, dass der Läufer ein Läufer ist. Deshalb gibt es Läufergeschenke. Eine Strickmütze aus reiner Wolle. Das große Laufbuch von Steffny, das schon zu Hause im Regal steht. Und auch an Innovationen wird gedacht. Die Mutter überreicht dem Läufer Kompressionsstrümpfe mit einem herzlichen Gruß von Tante Erika. Die hat sie in der Reha in Bad Salzuflen praktisch nie getragen. Läufer haben doch jetzt so was. Die Familie nickt, der Schwager raucht. Das Kind hat seine eigenen Geschenke zerlegt und macht sich an die der anderen, die Mutter liest ihm aus dem großen Laufbuch vor. Der Läufer spürt eine leichte innere Unruhe und spült sie mit einem Absacker hinunter. Sein letzter Gedanke auf dem schwankenden Gästebett: „Morgen geh ich laufen."

Um 8 Uhr sitzen die Eltern am Frühstückstisch und bitten um Gesellschaft. Draußen regnet es (6 Grad). Jetzt zu laufen, anstatt die selbst gemachte Marmelade der Mutter zu probieren, würde die Eltern kränken. Nicht einmal das Tragen von Erikas Strümpfen würde versöhnlich genug wirken. Der Läufer frühstückt und bricht bald danach auf zu Oma. Denn Oma hat gekocht. Der Wettkampf geht in die zweite Phase. Die innere Unruhe und der Sauerstoffmangel nehmen zu, die Lust am Selbstgebackenen, -gebräteltem, -gekeltertem und -gebrauten ab. Am Ende der drei Tage hat der Läufer mehr Alkohol getrunken als beim 100-jährigen Jubiläum seines Sportvereins, unzählige Plätzchen gegessen, die man besser als „Platz" bezeichnen würde und die Zahl der täglichen Mahlzeiten praktisch verdoppelt. Seine Ausdauerleistung im Sesselsitzen hat sich gegenüber dem Vorjahr um zwei Stunden gesteigert, sein Bedarf an menschlicher Nähe in geschlossenen Räumen ist für Monate gedeckt. Der Läufer ist sehr, sehr unleidlich. Und träumt von einem anderen Weihnachten.

„Na endlich", ruft die Mutter beim Empfang. „Es regnet gerade nicht, lass uns rausgehen!" Die Eltern schnüren ihre Walkingschuhe und entern mit der Frau des Läufers den Park. Der Läufer bildet mit dem Kind im Baby Jogger und dem Schwager die zweite Laufgruppe. Es wird viel geplaudert und der Schwager verflucht die Zigarren. Ab und zu begegnen sich die Fraktionen. Die Walker machen sich zuerst auf den Heimweg und eröffnen das Etappenduschen. Die Mutter hat selbst gemachte Limonade gemacht, an der sich alle erfrischen. Statt der Gans gibt es Karpfen. Am Abend fließt das Weizenbier. Der nächste Morgen beginnt mit einem gemeinsamen Lauf. Der Schwager kann jetzt schon schneller und beschließt, im nächsten Jahr mit dem Rauchen aufzuhören. Es regnet (8 Grad), aber das ist egal. Das Frühstück haben sich alle verdient. Der Läufer freut sich auf die Schwiegereltern, die wohnen auf dem Land und kennen die tollsten Strecken.

Die Engel fliegen, Knecht Ruprecht fährt mit der Kutsche – lasst uns laufen.

Die Weihnachtsweiher.

Weihnachten ist das Fest der Liebe. Ich liebe das Laufen und deshalb laufe ich an Weihnachten. Meistens warte ich, bis am ersten Feiertag das Frühstück in mir ein wenig durchgereicht wurde und dann schnüre ich die Schuhe. Diese anderthalb Stunden gehören nur mir allein. Ich starte in einem Wohngebiet auf schmalen Bürgersteigen, auf denen jedes Jahr etwas Granulat herumliegt, denn immer war es unlängst kalt und glatt oder hat sogar geschneit. Aber der Schnee von gestern ist bereits ein solcher, denn an Weihnachten ist es warm und nass. Zumindest oft. Aber das Granulat ist noch da und knirscht rhythmisch beim Drauftreten. Bald bin ich in einer Grünanlage und meine Erleichterung breitet sich aus wie die Maulwurfshügel auf der riesigen Rasenfläche. Endlich besteht die Chance, meine über Heiligabend zum Erliegen gekommene Verdauung vorsichtig wieder-zu-beleben. Natürlich soll es nicht an Ort und Stelle zum Äußersten kommen, aber es wäre schön, wenn das Gefühl verschwände, von Kopf bis Fuß mit Beton angefüllt zu sein. Es steht zu vermuten, dass der Stollen nur deshalb so heißt, weil er im Magen Gewicht und Konsistenz von unterirdischem Gestein annimmt, dem nur noch durch Bohrung oder Sprengung beizukommen ist. Laufen kann da sehr hilfreich sein.

An Weihnachten laufe ich traditionell in Köln. Deshalb streife ich jetzt am Rhein-Energie-Stadion entlang, das früher einfach „Müngersdorfer Stadion" hieß, aber welches Stadion darf schon noch einfach so heißen, wie es heißt. Es muss heute heißen, wie bereits andere heißen, aber das macht dem

Stadion nichts. Es steht monumental neben meinem Laufpfad herum und lässt sich von ein paar Fahnen beflattern.

Ich bin nun zehn Minuten unterwegs und es vollziehen sich bei mir erste spannende körperliche Vorgänge. Ich bin erkältet, wie oft an Weihnachten. Der Körper weiß, wann er nicht arbeiten muss, und trägt seine Erkältung deshalb rechtzeitig in den Terminkalender ein. Vermutlich freut er sich schon seit Tagen, dass er bald endlich erkältet sein darf. Für mich bedeutet das: Ich laufe nicht allein. Die Nase läuft mit. Wenn ich sitze, hat meine Nase keine rechte Lust zu laufen, aber kaum trabe ich ein paar Schritte, schließt sie sich mir an. Gemeinsam trotten wir weiter in den Grüngürtel. Hier gibt es eine schöne Laufstrecke, für die man keine besonders gute Orientierung braucht, perfekt für Besucherinnen wie mich.

Am Adenauerweiher kann man gut beobachten, ob jemand etwas Schwimmendes zu Weihnachten geschenkt bekommen hat, was tatsächlich gelegentlich vorkommt. Von Gummibooten bis zu ferngesteuerten Kriegsschiffen habe ich hier schon alles gesehen. Drumherum stehen mindestens ein entfesseltes Kind nebst genetisch bedingter Begleitung, die „Ah!" und „Oh!" ruft. Heute ist am Adenauerweiher nichts los, nur ein paar Enten schauen mich vorwurfsvoll an, weil sie fest mit mitgebrachten Geschenken gerechnet haben. Die Enten sind hier alle so. Es sei denn, es scheint die Sonne, dann gründeln sie, wahrscheinlich um den Pürzel zu bräunen. Heute aber scheint weit und breit nicht eine einzige Sonne, stattdessen beginnt es zu sprühregnen. Das ist nichts im Vergleich dazu, wie es noch vor Stunden regnete und deshalb beschwere ich mich nicht. Es ist ja auch niemand da, bei dem ich mich beschweren könnte, außer den Enten.

Ich laufe weiter. Meine Nase auch. Sie ist jetzt richtig warmgelaufen. Wenn man am Adenauer Weiher stur geradeaus läuft, immer so, dass man zu gleichen Teilen das Rauschen des angrenzenden Waldes und das der nahen A4 hört, kommt man zu einem weiteren Gewässer: dem Decksteiner Weiher.

Anders als der Altkanzler-Weiher ist der keine überdimensionierte Pfütze, sondern eine Wasserlandschaft, die aus zwei Monsterpfützen und einem Verbindungskanal zwischen den beiden besteht. An den schmiegen sich dieseits und jenseits des Ufers je ein Alleenweg wie Bunny-Mädchen an Hugh Hefner. Ein Traum für Läufer. Auch meine Nase fühlt sich angenehm berührt und entwickelt neue Dynamik. Ich denke inzwischen, dass der Begriff des „Hasen" als Tempomacher aus einem Tippfehler heraus entstanden ist, der nicht korrigiert wurde. Statt „Hase" musste es in Wahrheit „Nase" heißen. Meine Nase läuft vor mir her und ist für das Tempo verantwortlich. Wenn sie anzieht, ziehe ich hoch.

Gemeinsam laufen wir jetzt am „Waldlabor" vorbei, quasi einem Versuchswald. Hier wird alles Mögliche gepflanzt und dann geguckt, ob es auch schön wächst. Wahrscheinlich tun das Menschen in weißen Kitteln und Schutzbrillen. Aber heute ist ja Feiertag. Heute probieren Läufer neue Jacken aus und Omas tragen alte Jacken spazieren. Es riecht nach Familie, nach Kindern, die irgendein buntes Plastikgebilde mit oder ohne Haaren dran unter dem Arm durch Wälder tragen, was in Wäldern nichts verloren hat, wohl aber auf Gabentischen, und deshalb haben die Kinder es dabei. Erwachsene erzählen sich, wie es in der Firma zugeht und warum man im nächsten Jahr die Abteilung wechseln will. Studenten erzählen vom Stress, Kinder von dicken Käfern. Es ist so ungeheuer Weihnachten. Ich laufe weiter Richtung Klettenberg, bis der Weiher zu Ende ist, und dann laufe ich um ihn herum und auf der anderen Seite wieder zurück. Ich trabe eher, wegen des Schnupfens, vielleicht ein 6:30er-Tempo. Meine Nase ist schneller geworden, sie steuert auf einen 6er-Schnitt zu und ich habe Mühe, mitzukommen. Irgendwo am Weiher steht der Maronenmann. Jedes Jahr. Und jedes Jahr bedauere ich, kein Geld eingesteckt zu haben, denn Maronen sind toll. Ich tröste mich dann damit, dass ich die Maronen unterwegs ja gar nicht essen kann und zu Hause schmecken sie nicht mehr. Aber ein einsamer Maronenmann mitten in einer Grünanlage hat einen Oaseneffekt und ich kann nicht umhin, mir den Genuss vorzustellen. Schnell laufe ich weiter. Meine Nase ist freudig überrascht und schießt mit einem begeisterten Schwall hinterher. Das ist gut so, es wäre schon angenehm, wenn wir zusammen ankämen. Ich will meine Nase nicht abhängen, auch wenn es verlockend erscheint, dass die Luft dann vielleicht ohne eine fest vernagelte Schleuse hinter die Augen strömen könnte. Im Augenblick ist das mit der Sauerstoffversorgung nämlich etwas mühsam. Hatschi, aber auch.

Zurück über die Schienen, immer weiter Richtung Stadion. Dort jubelt es, aber das gilt nicht mir. Es ist nur der Wind, der auf Tausenden von Plastiksesseln abgelagerte Jubelreste aufgewirbelt und zu mir herübergetragen hat. Ich finde, das ist eine schöne Geste, auch wenn mir der Wind den Lauf sonst eher ungemütlich gestaltet. Nach der Überquerung einer Straße komme ich am „Kölner Reit- und Fahrverein" vorbei. Das mit dem Reiten verstehe ich. Aber was macht man in einem Fahrverein? Fährt man selbst? Lässt man einen fahren? In Köln sind viele Dinge einfach etwas anders als in Frankfurt. Und dort sind sie schon komisch.

Ich laufe zurück in die Grünanlage am Wohngebiet. Hier übernehmen die Hunde wieder die Herrschaft über das Geschehen, Nachbarn plaudern über das Gegessene und das, was schon wieder im Ofen ist. Kinder rollern gelangweilt um Erwachsene herum, die unbeweglich stehen bleiben wie Lübecker Hütchen. Umso beweglicher sind die Hunde. Ich erreiche wieder den Granulat-Parcours und bemerke erst jetzt, dass das Betongefühl, die Gewissheit, ein lebendes Butterplätzchen zu sein, vollkommen verschwunden ist. Ich bin wieder eine Läuferin, zusammen mit meiner Nase sind wir sogar zwei. Es ist ein tolles Gefühl. Ich kann hinein-gehen, schnäuzen und duschen, was beides etwa gleichlang dauert. Und dann gibt es endlich wieder was zu essen.

Bitte recht feindlich.

Der Läufer ist ja gelegentlich von den Jahreszeiten abhängig, namentlich von einer, und deshalb tut es not, diese genauer unter die Lupe zu nehmen. Man könnte es auch Feindbeobachtung nennen.

Der Winter ist die längste aller Jahreszeiten. Während sich Frühjahr, Sommer und Herbst auf einem halben Jahr drängeln, wie an einem überlaufenen kalten Buffet und versuchen, sich gegenseitig die Trüffelhäppchen vom Teller zu klauben, nimmt der Winter allein ein halbes Jahr ein und speist à la carte. Diese dominante Jahreszeit dauert von Oktober bis März und zerfällt in zwei Teile. Dennoch entsteht keine Ritze dazwischen, durch die man flüchten könnte. Der erste Teil ist, anders, als man es vom Winter erwarten würde, nicht kalt, sondern mittelwarm. Dafür mutet es gleichbleibend dunkel an, außer in einem Zeitfenster zwischen 14 Uhr und 14:30 Uhr, in dem man kurz seine Hand vor Augen sehen kann. Dabei regnet es unaufhörlich. In dieser Zeit herrscht noch Pilzsaison, überall vor gastronomischen Betrieben stehen Heizpilze und Menschen, die versuchen zu verdrängen, dass jetzt die beste Zeit des Jahres beginnt, um das Rauchen für immer einzustellen.

Im zweiten Teil des Winters, der Ende Dezember beginnt, ist es heller als im ersten, dafür herrschen dann Temperaturen, über die Bewohner einer russischen Polarstation sagen würden, sie seien „rau", wenn „rau" ein russisches Wort wäre. Dazu schneit es des Öfteren ein Gemisch aus weißem weichem Verbundstoff und einem schwarzbraunen Granulat. Während das Weiße minderer Qualität ist und sich wie ein am Strand von Antalya gekaufter Teppich in Windeseile durchtritt, bleibt das Schwarzbraune liegen. Es hat die Bodenmission, die Sohlen von Laufschuhen durch gezielten Abrieb und Festsetzen in den Flexkerben zu ruinieren. Manchmal entwickelt sich das Weiße auch zu einer magnetischen Fläche, die in der Lage ist, Steißbeine nach unten zu ziehen.

Wer in dieser Zeit läuft, sollte auf gar keinen Fall eine grüne Jacke tragen. Die Sehnsucht von Passanten, Spaziergängern und anderen Läufern nach Grün ist derart groß, dass man Gefahr liefe, einen Pulk von Menschen hinter sich herzuziehen, die einem im Laufschritt folgen wie einem gemeinen Handtaschendieb, den irren, glasigen Blick fest auf die grüne Jacke geheftet. Es soll Fälle gegeben haben, in denen in einer solchen Situation ein Angriff auf die rote Nase des grünbejackten Läufers stattgefunden hat, die, eine leuchtende Erinnerung an eine Blüte bildend, einem Pflückvorgang nur knapp entging.

Natürlich läuft der Läufer dennoch das ganze Jahr hindurch, nur eben tunlichst nicht in Grün. Gegen Ende des Winters braucht er dann auch in unbekanntem Terrain nie ein GPS-Gerät, um den Weg nach Hause zu finden. Das liegt daran, dass er während des Laufs wie weiland Hänsel und Gretel kleine Krumen hinterlässt. Eine unvermeidliche Tatsache, denn der Läufer, der sonst geschmeidig ist wie ein Theraband für Anfänger, hat im Laufe des Winters die Konsistenz einer handelsüblichen Kokosmakrone angenommen. Er ist des Winters müde und mürbe und wer genau darauf achtet, kann sehen, wie der Läufer beim Laufen brösel. Der Winter geht ihm auf den Keks. Den ficht das nicht an, er schneit einfach weiteres Schnee-Granulat-Gemisch aus seinem grauen sonnenlosen Himmelsdach zu den Krümeln. Der angemürbte Läufer, durch das ständige Genickeinziehen schon beinahe halslos geworden, knirscht abwechselnd mit den Sohlen und den Zähnen, um sich nichts anmerken zu lassen. Und läuft einfach weiter, immer weiter. Einem sich irgendwo räkelnden Frühling entgegen, der den Wecker schon zweimal wieder ausgeschaltet hat, um sich nochmal umzudrehen. Aber niemand weiß besser als der Läufer, dass eine Snooze-Taste keine Lösung ist. Nicht mal für Jahreszeiten.

Laufen gestern und morgen.

Die finstere Zeit.

Blickt man in das Gesicht älterer Läufer, kann man ganz deutlich einen gramvollen, ausgezehrten Ausdruck wahrnehmen. Es handelt sich dabei nicht etwa um die Folgen eines niedrigen Körperfettanteils. Nein, es ist die Zeit der Entbehrungen, die sich tief in die Züge des Läufers gegraben hat. Wer bereits seit Jahrzehnten läuft, hat sie noch erlebt, die schlimmen, harten Jahre. Es war eine finstere Zeit – denn Läufer hatten nicht einmal eine Stirnlampe. Es waren die Jahre, als ein unbarmherziger Wind durch das Netzhemd pfiff und der Läufer vollkommen kompressionslos den erschütternden Vibrationen der eigenen Wade ausgesetzt war. Der Läufer trug Schuhe aus dem Nachlass von Spiridon Louis oder eine zwanglose Zusammenkunft von Schnürsenkeln, Sohle und Obermaterial, die er bei einem Volkslauf aus irgendeinem Kofferraum erstanden hatte. Der Schuh hatte einen verheißungsvollen Namen wie „Marathon", „Chariot" oder „Atlanta", aber ihm fehlte eben jegliches DX3® FlyCloud+ HighbounceEnergy§&% Trackspeedvision©-System. Außerdem trug der Läufer eine kurze Hose. Etwa bis 7 Grad Außentemperatur. Wurde es kälter, trug er zwei kurze Hosen. Bei Minusgraden wählte er eine Buchse, womit kein Teil einer elektronischen Steckverbindung gemeint ist, sondern eine ausgebeulte Trainingshose, die nach Turnhalle roch und vom wiederholten Schubbern schon Knötchen an den Oberschenkelinnenseiten hatte. Nur ganz Coole trugen Tights mit einem Gummisteg um den Fuß, eine nie versiegende Quelle für Blasen. Für laufende Frauen potenzierte sich der modische Mangel unvorstellbar. Sie trugen Laufkleidung, die mit „halt irgendwas" noch liebevoll beschrieben ist. Es gab ja nichts. Damals, in der finsteren Zeit.

Experten rätseln heute, warum europäische und (nicht auszudenken!) deutsche Läufer damals so viel schneller waren als heute. Mitte der 80er-Jahre gab es 15 Europäer unter den Top 30 der Welt im Marathonlauf. In Wahrheit ist das Rätsel längst gelöst. Natürlich lief man damals schneller. Kein Mann möchte mehr Zeit in einem Netzhemd und einer roten Sporthose verbringen, die bis zur Taille geschlitzt ist, als unbedingt nötig. Obendrein war der Trainingsumfang in der schlimmen Zeit enorm. Der Läufer verlief sich dauernd, denn er hatte ja kein GPS. So kamen viele extra Kilometer ins vom Schweiß gewellte Trainingstagebuch.

Wer keinen Trainer hatte, hatte übrigens Hans Mohl vom „Gesundheitsmagazin Praxis" im ZDF, der gemeinsam mit Max Greger zum „Trimming 130" aufrief. 130 Schläge sollte der Puls während der Ausdauerbelastung zählen. Ein Hohn – der Läufer hatte ja noch gar kein Pulsmessgerät. Und Musik begleitete ihn beim Laufen nur dann, wenn jemand in einem der Schrebergärten an der Hausstrecke gerade die Bata-Illic-Kassette eingelegt hatte. Es ist ganz klar, dass solche leidvollen Erfahrungen Spuren hinterlassen müssen.

Vielleicht aber, so denke ich in düsteren Stunden, ist die finstere Zeit des Laufens noch gar nicht vorbei. Wir glauben es nur. Und dann, eines Tages, werden uns unsere Kinder fragen: „Woher wusstet ihr eigentlich früher, wann ihr loslaufen könnt, als eure Uhr noch gar keinen Satelliten gesucht hat?" Spätestens dann müssen wir der Tatsache ins Auge sehen, dass auch wir sie irgendwann haben werden. Die verhärmten Züge als Zeichen einer durchlaufenen Zeit voller Entbehrungen.

Alles nur eine Phase.

Als ich neulich in einem Café saß, ging ein Kind von Tisch zu Tisch und streckte allen die Zunge raus. „Ach", sagte die Mutter, „er hat jetzt da so eine Phase – das geht auch wieder vorbei." „Jaja", sagte ihre Gesprächspartnerin, „in dem Alter ist das ja typisch mit den Phasen". Soso. Dachte ich. In dem Alter also. Und was ist mit meinen Phasen? Zwar strecke ich in Cafés niemandem die Zunge raus, obwohl es gelegentlich einen Anlass dafür gäbe, und ich werfe mich auch nur sehr selten im Supermarkt schreiend auf den Boden, um den Besitz eines Hitschler-Brause-Lollis einzuklagen. Aber Phasen habe ich immer noch.

Ganz besonders, was das Laufen und das Körperbewusstsein betrifft. Da gibt es zum Beispiel die „Ich koche abends nach Dr. Feil und esse dann kaum Kohlehydrate"-Phase. Oder die „Ich rechne meine Monatskilometer schon mal aufs Jahr hoch und gucke, ob ich dann besser wäre als das letzte Jahr"-Phase. Die geht einher mit einer Phase des Trainingsfleißes, gelegentlich gar mit einer Phase des gezielten Muskelaufbaus, begleitet von einer „Mehr-Eiweiß"-Phase.

Ich könnte es auch so ausdrücken: Manchmal rudere ich zweimal die Woche zusätzlich zum Laufen auf dem Water-Rower. Ich stelle mich auf die Waage. Ich versuche die Zeiten auf meiner Hausrunde zu verbessern. Ich mache Fahrtspiele, Läufe in sehr unterschiedlichen Geschwindigkeiten und Längen, ich laufe auf Berge. Manchmal messe ich sogar den Puls beim Laufen. Ich starre auf die Wochenkilometer. Wenn ich gerade nicht laufe, lese ich dauernd in der Runner's World, denn ich bin ja schließlich eine amitionierte Hobbyläuferin. Yeah.

Aber leider sind meine Phasen nicht so wie die von Gebiss-reinigungstabletten, bei denen immer die eine die andere intensiviert. Denn die Zeiten, in denen ich so ehrgeizig bin, alles richtig zu machen, mich und meinen Körper zu stählen, wechseln mit solchen, in denen ich die Körper- und Muskelspannung eines großen Schluckes Wasser habe. In denen ich auf meiner Strecke herumtrabe wie ein Nilpferd in der Savanne. In denen sich Staub auf der Rudermaschine sammelt und ich morgens besorgt die Krater in meinen Oberschenkeln creme. Mein stählerner Leistungswille hält nicht 24 Monate an, meist nicht einmal 12. Manchmal gibt es äußere Umstände, vielleicht eine Phase sehr intensiver Arbeit, die Zeit frisst, vielleicht muss ich krankheitsbedingt die Füße still halten. Dann ist es besser, sich weder zu wiegen noch auf die Wochenkilometer zu starren. Während die eine Zahl, die einem dabei begegnet, höher wird, schrumpft die andere, leider jeweils genau in die falsche Richtung. Woran das liegt, weiß ich nicht so recht. Ich halte nicht durch. Ich Flasche.
Vielleicht bin ich tief im Herzen aber auch einfach keine Sportlerin, die langfristig am intensiven Body-Monitoring Freude hat. Vielleicht bin ich einfach nur ein ziemlich träger, normaler Mensch, der gerne läuft. Immerhin – und das ist mir ein ausreichender Trost: Die Phase des Gerne-laufens dauert nun schon seit 15 Jahren an.

Wenn Läufer zu sehr tippen.

Läufer trifft man im Verein und beim Lauftreff. Oder im Zwischennetz. Das Zwischennetz (engl. Internet) heißt so, weil es unsichtbare Fäden zwischen den Läufern spinnt. Manche behaupten, das Zwischennetz wurde entwickelt, damit Menschen Katzenvideos hochladen, bewerten und teilen können. Die Wirklichkeit ist aber eine andere: Das Zwischennetz wurde erfunden, damit Läufer endlich das Gefühl haben, es hört ihnen jemand zu.

Der Läufer an sich ist eine hinreißende Inselbegabung. Er kann besser, schneller und länger einen Fuß vor den anderen setzen als die Menschen in seiner Umgebung. Sein Problem ist: Diese Begabung wird kaum als solche erkannt. Laufen kann jeder. Dreijährige können das. Sogar ein Gnu, das – wenn auch nicht allen, so doch vielen Menschen intellektuell unterlegen ist – kann laufen und es sieht dabei weit besser aus als der einseitig talentierte laufende Mensch. Wer jemals auf die Frage „Und, Wievielter bist du geworden?" wahrheitsgemäß und stolz mit „Siebentausenddreihundertachtundvierzigster – und Achthundertneunundachtzigster meiner Altersklasse!" geantwortet hat, kennt den dumpfen Schmerz, den abruptes Desinteresse anderer Menschen auslösen kann. Was in einem Läufer vorgeht, sein läuferspezifisches Zwacken, Zweifeln und Zagen, interessiert in Wahrheit nicht einmal die Liebsten – sie haben nur gelernt, es geschickt zu verbergen. Deshalb liebt der Läufer nichts so sehr wie die Gesellschaft anderer Inselbegabter. Durch das Internet kann er diese Kompanie jederzeit herstellen. Hat er sich erst einmal geschickt vernetzt und auf Plattformen wie Twitter und Facebook eine große Zahl Läufer zusammengesucht, hat er freie Bahn. Endlich sieht ihn niemand mehr ratlos an. Endlich ist er nicht mehr allein. Er kann schreiben, ob Dinkel vor dem Lauf der Verdauung zuträglich ist, wie, wann und ob er einen Puls hat und dass die Blutblase endlich aufgegangen ist (siehe Foto!). Sein Bedürfnis nach Anerkennung seiner Leistung, jahrelang in einem dunklen feuchten Keller bei Wasser und Brot gehalten, bricht aus und ruft nach Champagner. Empfangen wird es von einer Vielzahl von Laufportalen und Apps, die eine Vernetzung vollautomatisch werden lassen. Ab jetzt kann jeder Lauf gepostet werden – mit Puls-, GPS- und Wetterdaten. Glücklich jongliert der Läufer mit Smartphones, GPS-Uhren und Laptops und verschafft sich damit eine ganz eigene Crosstraining-Einheit.

Und weil der Läufer an sich wettbewerbsorientiert ist, versucht er es den anderen Läufern zu zeigen. „5:30 Uhr – ein herrliches Frühläufchen in die aufgehende Sonne gemacht!" Erster! Was für ein erhebendes Gefühl, wenn der nächste Läufertweet erst eine Stunde später eintrifft. Auch mit der Streckenlänge lässt sich punkten. Wichtig dabei: die Statusmeldung muss lässig klingen. „37 km in 3:02 Stunden mit Endbeschleunigung. Lief super!" Unangebracht wäre dagegen: „15 km. Blei in den Beinen, hat sich angefühlt wie 30. Dreckslauf."

Über schlechte Läufe zieht man besser nur dann öffentlich Bilanz, wenn sie spektakulär sind. „Nach etwa 12 Kilometern fiel mir der rechte große Zeh ab. Musste auf einem Bein nach Hause hüpfen. Mist." Das ginge. Und natürlich ist das Tempo eine Meldung wert. Gern in Verbindung mit den Verpflichtungen des Tages, das erhöht den Bewunderungsfaktor: „5 km Tempolauf in 17 Minuten. Jetzt schnell duschen und ab ins Kundenmeeting!" Eine weitere Zutat, die in keiner guten Läufermeldung fehlen darf, ist die beiläufige Erwähnung überwundener oder noch vorhandener Verletzungen. „Der erste 30er, eine Woche nach der Knie-OP. Knorpel hält, Biel kann kommen!"

Das alles ist zwar nur mäßig interessant, aber verständlich. Wer sich zu nachtschlafender Zeit aus dem Bett pellt, um zu laufen, möchte wenigstens einmal etwas anderes ernten als Kopfschütteln. Jede Selbstmotivation hat mal ein Ende, Läufer sind auch nur Menschen. Aber vielleicht sollte sich der mitteilsame und emsig tippende Sportler auch einmal überlegen, was er damit bei seinen Brüdern und Schwestern im Geiste anrichtet. Mit dem Lesen jedes Heldentweets, jeder Siegermeldung, wird vor irgendeinem Computer ein Komplex geboren. Denn dort sitzen Läufer, die nicht um 5 Uhr aufstehen, die Intervalle hassen und nach 25 km genug haben. Aber die sind verstummt. „Habe mich heute morgen noch mal umgedreht. Bei dem Pisswetter kriegt mich niemand um 6 Uhr raus zum Laufen" – solche Meldungen muss man mit der Lupe suchen. Dabei würden Offenbarungen dieser Art die Kommunikation viel eher beflügeln, als die Nabelschau der Helden. Läufer, seid ehrlich: Nicht immer läuft es toll. Manchmal haben wir keine Lust. Oder es zwackt überall. Und gerade dann brauchen wir unser Netzwerk. Wenn wir unsere schwachen Momente teilen, macht es viel mehr Spaß, zusammen die starken zu feiern. Und bitte, seht der erschütternden Wahrheit ins Auge: Nicht jeder Lauf, nicht jeder Puls ist eine Meldung wert. Nicht mal für uns selbst. Und erst recht nicht für den Rest der mit uns verbundenen Menschheit.

TV-Marathon – Quälerei auf dem Sofa.

Mindestens 17 Millionen Deutsche laufen regelmäßig. Genug Zuschauerpotenzial für hochwertig gemachte Marathonübertragungen im Fernsehen. Aber um Quote soll es hier nicht gehen, ein Parameter, der ohnehin alles zunichte macht, wenn es um Qualität geht. Warum ich die Zahl dennoch erwähne, ist, um meiner Verblüffung darüber Ausdruck zu geben, wie Marathonsendungen angesichts der Menge an Läufern heute aussehen und wie bescheiden die Möglichkeiten immer noch sind, Zugang zu internationalen Übertragungen zu bekommen.

Vor 15 Jahren, als ich mit dem Laufen begann, wurden große deutsche Marathons noch in ihren Regionalsendern übertragen. NDR, WDR und hr waren dabei. Geblieben ist nur der hr mit einer Übertragung, die seit dem Ausscheiden von Herbert Steffny schwer gelitten hat. Trotzdem muss man dankbar sein, dass es diese Sendung noch gibt, samt ihrem „Hinüberschalten zu den Stimmungsnestern", bei dem versteinert wirkende Zuschauer gefragt werden, wie lange sie bereits hier stehen und wie lange sie hier noch zu stehen gedenken. Man muss froh sein über das Durchhaltevermögen des hr, der dann doch irgendwie zu ahnen scheint, dass ein Weltklasse-Event mit IAAF Gold Label, bei dem Zeiten unter 2:04 möglich sind, neben Sendungen wie „Deutsche Traktor-Legenden" oder „Leckeres Hessen" auch einen Programmplatz verdient haben. Auch bei der ARD ist das Interesse am Berlin Marathon wiedererwacht, nachdem er zwischenzeitlich zum rbb verbannt wurde. Man müsste sich nur einmal vorstellen, die BBC würde den London Marathon nicht übertragen. Undenkbar. Ein großer Unterschied zu den Übertragungen von vor 10 Jahren ist aber nicht zu bemerken. Die Technik ist noch immer stark wetterabhängig und noch immer bleibt die Regie hartnäckig gern auf dem Männerrennen, während sich beim Frauenrennen dramatische Entscheidungen abspielen. Oder auch umgekehrt. Und selbst im Zeitalter hausgroßer LCD-Fernseher wird in der Regel kein Splitscreen angeboten, um beides verfolgen zu können. Die BBC zeigt, was möglich ist – in der digitalen Übertragung des London Marathon lässt sich zwischen Männer- und Frauenrennen und weiterem Material hin- und herschalten. Seit Jahren. Natürlich, um dieses Argument gleich aufzugreifen, kostet Technik Geld. Aber ich wäre liebend gern bereit, dafür Geld auszugeben, wenn ich nur dürfte. Ich würde kostenpflichtige Online-Kanäle und Bezahlsender wählen, wenn ich nur die Möglichkeit hätte. Ich würde einiges zahlen, um endlich auf Eurosport verzichten zu können.

Für internationale Übertragungen bleibt als TV-Sender nur Eurosport. Und alle Marathon-Übertragungen werden von Dirk Thiele moderiert. Wenn es ein Argument für die Rente mit 63 gäbe, dann wäre es dieser Moderator. Seit acht Jahren könnte er dann bereits im Ruhestand weilen und welch ein Segen wäre das. So aber wird man weiter und immer weiter gequält. Thiele verwechselt Läufer und verunstaltet ihre Namen, er verdreht Fakten und verbläst falsche Zahlen, er sagt Sätze wie: „Edna und Florence Kiplagat haben zwar den gleichen Namen, aber jede hat ihre ganz eigenen Interessen". Über den Sieg von Anna Hahner, den ersten Sieg der deutschen Nachwuchsläuferin beim Wien Marathon in 2:29 sagt er nur: „Daran sieht man, dass das Feld nicht hochklassig gewesen sein kann." Aber das Schlimmste ist: Er ist hämisch und respektlos, und das scheinbar Wichtigste für ihn sind das Antrittsgeld, das Preisgeld, die Prämien für Rekorde. Er wird nicht müde, darüber zu berichten, welcher Läufer sich gerade „die Taschen vollgestopft" habe, immer und immer wieder. Über das Ausscheiden von Haile Gebrselassie als Pacemaker beim London Marathon sagt er: „Da hat er sich gedacht, mein Antrittsgeld habe ich ja, da kann ich auch rausgehen." Das ist ungehörig, respektlos und dumm. Es ist hinlänglich bekannt, dass afrikanische Läufer durch wirtschaftlichen Wohlstand motiviert werden. Aber muss man während einer Marathonübertragung immer wieder darauf hinweisen, wer „jetzt in Kenia ein reicher Mann" ist? Rassismus sitzt tief. Wann hören wir, wie viele Saunahütten sich finnische Skispringer von ihren Prämien geleistet haben? Wann hätte ein Fußballkommentator darüber gesprochen, dass ein Foul angesichts des Verdienstes wohl nicht so hart angehen könne? Zwischen 50.000 und 100.000 Euro ist bei großen Marathons etwa für einen Sieg drin. In einer Branche, in der man selten länger als fünf Jahre erfolgreich sein kann. Ein Wimbledon-Sieger konnte im vergangenen Jahr mit 1,88 Millionen rechnen. Wann kommt der Bus mit den Leuten, die sich brennend dafür interessieren, wie viel Wilson Kipsang für seinen Sieg bekommt? Dirk Thiele wartet stündlich darauf.

Nach vielen Jahren, in denen ich Eurosport gesehen habe, bin ich es leid. Alle zehn Minuten eine Werbeunterbrechung mit Werbung, die IMMER irrelevant für mich ist, weil vollkommen auf männliche Sportzuschauer zugeschnitten. Reifen, Formel 1, Autos, Rasierer. Und das im Jahr 2014, im digitalen Zeitalter, in dem man ja angeblich nichts mehr sehen muss, was man nicht will. Und wieder: Ich würde zahlen, um es nicht sehen zu müssen.

In den letzten Jahren bin ich immer wieder auf Livestreams ausgewichen. Universal Sports, NBC, Flotrack, alles Mögliche. Doch was früher kostenlos war, muss jetzt bezahlt werden, man muss immer neue Plug-ins installieren, Accounts eröffnen, Player downloaden. „Not in your country" macht es nicht eben einfacher. Mit detektivischem Spürsinn gilt es, immer wieder neue Quellen zu finden. In einer globalisierten Welt kommt es mir ungeheuer rückständig vor, dass es nicht einfach möglich ist, bei einem TV-Sender auf die Webseite zu gehen, eine Gebühr via Paypal zu bezahlen und los geht der Livestream.

Ich kann nur hoffen, dass ich das alles noch erleben werde. Dass man das zu sehen bekommt, was man möchte, auch wenn es nicht dem Interesse des durchschnittlichen RTL-Zuschauers entspricht. Dass ich dafür 1:1 zahlen kann und der Preis dafür nicht bedeutet, dass ich während einer Marathonübertragung mit 72 identischen Trailern eines Sponsors gequält werde. Oder dass ich gar etwa Nike TV wählen muss, das dann mit der Kamera immer nur auf den Nike-Sportlern bleibt. Ich hoffe aber auch, dass ich erlebe zu sehen, was technisch möglich ist. Läufer, die von Drohnen begleitet werden statt von Motorrädern, Kameras, die ich anwählen kann, wechseln zwischen Männern und Frauen, Anwählen von Informationen über die einzelnen Läufer, Zwischenzeiten, Durchschnittsgeschwindigkeiten. Und wenn ich einen Moderator hören wollte, dann könnte ich das auch. Und vor allem wäre das dann nicht mehr Dirk Thiele. Wie herrlich wäre das.

Ich messe, also bin ich.

Als mich neulich eine Laufanfängerin nach einer guten GPS-Uhr fragte, kam ich ins Grübeln. Nicht wegen der Antwort. Sondern wegen meiner eigenen, düsteren Vergangenheit. Wie, um alles in der Welt (fragte ich mich), habe ich damals gewusst, wie weit ich laufe? Die Antwort ist ebenso finster wie meine ganze, von Entbehrungen gekennzeichnete Laufanfängerzeit: Ich wusste es gar nicht. Ich habe jeden Borkenkäfer auf der Strecke mit Namen begrüßen können, so vertraut war sie mir, aber ich wusste nicht, wie lang sie war. Nur dass ich zwischen 37 und 42 Minuten dafür brauchte, das wusste ich. Eines Tages dann begann das Abenteuer der Vermessung: Ich fuhr zu einer gekennzeichneten Strecke im Stadtwald und folgte ihren Markierungen. So erfuhr ich, dass ich 5 km laufen konnte. Bei meinem ersten Volkslauf stellte sich dann heraus, dass ich 5 km in 31 Minuten laufen konnte. Das reichte mir als Maßstab für alles.

Als wäre das nicht schon finster genug, kaufte ich mir eine Pulsuhr. Etwa zwei Wochen lang ging sie bei mir unter diesem Namen durch, danach war sie Elektroschrott. Ich habe sie nicht mehr benutzt, weil mich alles an ihr störte. Sie engte mich ein, ich kam aus dem Tritt, wenn ich auf ihr Display starrte, das mir sagte, dass ich in einer falschen Zone lief. Und sie piepte und blinkte und wollte, dass ich langsamer laufe. Ich glaube, sie hasste das Laufen mit mir.

Danach lief ich 10 Jahre lang mit einer Casio Laufuhr, auf deren Display ein kleines Pixelmännchen zu laufen begann, wenn man die Stoppuhr startete. Das Männchen war vollkommen nutzlos, aber so lief ich nie allein. Bei Volksläufen schaute ich bei jedem Kilometer auf die Uhr, aber ich speicherte nie eine Zwischenzeit. Wenn ich zu schnell angegangen war, wusste ich das später auch so und es war ein sehr nachhaltiges Wissen, ganz ohne Detailanalyse.

Würde ich heute mit dem Laufen beginnen, würde ich mir wahrscheinlich bald eine GPS-Uhr kaufen. Nach dem, was ich eben geschrieben habe, klingt das vielleicht seltsam. Aber ich finde kleine technische Geräte toll und würde kaum lange widerstehen können. Man will doch wissen, wie lange man läuft! Wie schnell! Und wo! Mit welchem Puls! Und wie viel Prozent der maximalen Frequenz! Und bei wie viel Grad! Und wie viel Prozent Steigung! Und welchem Höhenunterschied zwischen höchstem und tiefstem Punkt! Ehe man sich's versieht, reißt es einen hinfort. In eine Welt der Zahlen. Und es werden immer mehr werden. Moderne Gadgets werden unseren Blutdruck, unsere Schrittfrequenz, unseren Flüssigkeitsbedarf, unsere Körpertemperatur und vieles mehr messen. Wir kommen vom Laufen, der ursprünglichsten Art der Fortbewegung, die schon unseren Urahnen das Überleben sicherte, und starren hernach auf einen Bildschirm, der aussieht, als hätten wir gerade unsere Steuererklärung gemacht. Was fangen wir damit an? Verbessern wir die Qualität unseres Laufs? Werden wir schneller? Mein Orientierungssinn ist das reine Elend. Und ich liebe es, auf einer Landkarte zu sehen, wo ich überhaupt war. Aber brauche ich all das andere wirklich?

Ich bin froh, dass ich in der technischen Ursuppe angefangen habe zu laufen. Dass ich lief, ohne zu wissen, wie weit. Es ist ein anderes Laufen und es ist schön, das zu kennen. Ich bin froh, dass mich Musik auf den Ohren stört, weil ich ganz da sein will, wo ich gerade bin, ich will nicht, dass mein Gehör woanders ist. Ich bin froh, dass ich mein iPhone mitnehmen kann, um unterwegs Fotos zu machen, dass ich es aber nicht mitnehmen muss, damit mich eine App unterwegs vermessen kann. Laufen mit GPS und Co. gibt mir ein ganz neues Laufgefühl. Dabei hatte ich an dem alten gar nichts auszusetzen, das will ich bitteschön behalten. Ich will es genießen, mit Hightech am Arm zu laufen. Aber nie vergessen, worum es wirklich geht: Das Glück der Fortbewegung auf zwei Beinen.

Der Gedankenmonitor.

Ein Produkttest von morgen.

Heute ist ein großer Tag. Mein „MindRunner X7 TDL Light" ist angekommen. Ich bin ziemlich aufgeregt. Endlich hat mal jemand etwas wirklich Hilfreiches auf den Markt gebracht: ein Tool, mit dem man seine Gedanken beim Laufen messen und aufzeichnen kann. Heute schon messe ich Zeit, Puls, Kalorien, Streckenlänge und GPS-Daten während des Laufens, was ungeheuer nützlich ist. Habe ich meinen Lauf nicht registriert, grafisch aufgearbeitet, ausgewertet und analysiert, kommt es mir vor, als wäre ich gar nicht gelaufen. Trotzdem: Das, was ich wirklich bräuchte, wäre ein Gedankenaufzeichner. Eine Art selbsttätiges Diktiergerät, in das ich automatisch all die wichtigen Gedanken einspeisen kann, die ich während des Laufs habe und die ich hinterher brauche. Meeting-Agendas, gedachte Briefe ans Finanzamt, Glückwunschkorrespondenz und unzählige Ideen. Die geradezu genialen Aphorismen, die mir unterwegs immer einfallen (und später wieder entfallen) – jetzt kann ich sie endlich speichern.

Ich habe meinen MindRunner X7 TDL Light im Internet bestellt, er hat 899 Dollar gekostet. Zugegeben, eine Menge Geld. Aber sind wir doch mal ehrlich – Zeit ist Geld und wie viel Zeit kann man mit einem Gedankenmonitor sparen! Endlich ist die Laufzeit optimal genutzt, die Möglichkeiten des Trainings wirklich ausgeschöpft. Dass man das nicht schon früher erfunden hat!

Ich packe den MindRunner X7 TDL Light vorsichtig aus. Er sieht so ähnlich aus wie ein Pulsgurt, nur dass sein Band elastisch ist und mehrere Querverbindungen hat. Man trägt es ganz einfach um den Kopf wie eine Stirnlampe. Man kann es aber auch in eine Kappe integrieren, die dem Paket beiliegt. Wichtig ist, dass die sechs Sensoren an dem Band Hautkontakt haben. Beim ersten Anlegen der Gurte habe ich so meine Schwierigkeiten, was vermutlich an meinen langen Haaren liegt. Ich werfe einen Blick in die Gebrauchsanleitung. „Ondulieren Haaren vermeiden", steht da. „Wenn Elektroden nicht aufliegen, an der Gurten am positiven Produkten zurren. Wenn zurren, ersucht von Systemeinheit, sonst wirken nicht zurren." Der MindRunner kommt aus Asien und die Anleitung ist nicht eben übersichtlich. Aber schwierige Anleitungen bin ich auch von meiner anderen Laufelektronik gewöhnt, deshalb stört mich das kaum. Ich zurre eben die ganze Systemeinheit. Als der MindRunner ordentlich sitzt, werfe ich mich schnell in meine Laufklamotten und starte meinen ersten Lauf. „Wenn Signalleuchte leuchtet, der Mind-Runner starten bereiten", stand in der Anleitung. Also los. Ich habe die Kappe über das Gerät gezogen, weil ich lieber erst einmal nicht mit dem MindRunner auffallen möchte. Später, wenn alle damit laufen, wird es egal sein. Dann wird jeder auffallen, der keinen Gurt über der Stirn trägt.

Der erste Testlauf gerät unspektakulär. Dank der Kappe sitzt der MindRunner ganz gut, nur manchmal jucken die Sensoren an den Schläfen etwas. Daran kann man sich sicher gewöhnen. Ich mache einen schönen 15-Kilometer-Lauf bei bestem Wetter. Irgendwann habe ich einen Stein im Schuh, bin aber zu faul, anzuhalten und den Schuh auszuziehen. Ich hoffe einfach, dass der Stein in einer Schuhnische bleibt und nicht weiter stört – was er manchmal tut, manchmal nicht. Ich denke so an dies und das und freue mich, dass ich ja alles hinterher nachlesen kann.

Nach dem Duschen verbinde ich den MindRunner via USB mit meinem Rechner. Bevor ich aber alle meine Gedanken von heute sehen kann, muss ich eine Software installieren, einen Neustart machen, ein Update der Software machen, mein vollständiges Profil auf einer Plattform eingeben und Spracheinstellungen vornehmen. Das macht mir aber nicht viel aus, ich weiß ja, wie viel Zeit ich künftig mit dem Mind-Runner sparen werde. Die Software läuft nicht gleich, weil mir zwei Plugins fehlen, aber die sind ja schnell installiert, wenn man weiß, wo man die Plugins findet. Ich weiß es nicht, aber dafür gibt es schließlich Google. Und ein amerikanisches Nutzerforum, in dem ein findiger Nutzer erklärt, wieso der Link bei Google nicht funktioniert. Also, im Prinzip ist alles unkompliziert.

Als ich endlich meine Gedanken sehen kann, bin ich begeistert. Das alles habe ich vorhin noch gedacht, irre! Eine Grafik zeigt mir eine blaue Kurve der positiven Gedanken und eine rote der negativen. Das ist natürlich noch „Beta", so habe ich z. B. „Ganz schön heiß" gedacht, was ja eher ein negativer Gedanke ist, das merkt aber der MindRunner nicht, wegen des Wortes „schön". Meine üblicherweise genialen Laufgedanken sehe ich nicht gleich, weil da dauernd „Stein im Schuh" steht. Zum Glück kann man ja aber filtern –

ich blende einfach alle Gedanken mit dem Wort „Stein" aus. Danach stelle ich fest, dass ich für ein zufriedenstellendes Ergebnis auch noch alle Gedanken mit „Steinchen", „Dreckding", „stört", „Socken", „Zeh" und „Ferse" ausblenden muss. Ist ja schnell gemacht. Ich suche nach den wichtigen und wertvollen Gedanken. Bei Kilometer 7 hat mich ein junger Mann überholt. „Knackarsch" steht da an der entsprechenden Stelle der Grafik. Peinlich so was. Ich suche weiter. „Super Wetter.", steht da. Und „Baum." Und „Grüner Rasen und eine Dohle drauf." Und „Lustiger Mops mit Frau. Uaah, hässliche Stimme." So was habe ich gedacht? Nichts Intelligenteres, keine Formulierungen von verblüffender Brillanz? Und dann, plötzlich, bei Kilometer 12, steht da auf einmal gar nichts mehr. Erst denke ich an einen Ausfall des MindRunner, aber dann entdecke ich ein „Hoppla!". Ich erinnere mich, da bin ich ein kleines bisschen gestolpert. Aber sonst? Nichts! Ich habe einfach nichts gedacht! 900 Dollar für nichts! Ich bin furchtbar enttäuscht und fahre den Computer herunter. So macht das keinen Spaß.

Morgen werde ich wieder einen Lauf machen. Und dann werde ich einfach mal alle Geräte zu Hause lassen, sogar die Uhr. Für die Auswertung und Analyse meines Laufs werde ich dann mein zuverlässigstes, liebstes Speichermedium, meinen schnellsten und besten Filter nutzen. Den, der fest auf meinem Hals sitzt. Ganz ohne zurren.

Laufen ist Zukunft!?

Als sich die beiden äthiopischen Läuferinnen Zerfe Worku Boku und Elsa Kuma Zwerde am 12. Mai 2013 in Kassel in die Arme fallen, ist es nicht nur ein Wiedersehen nach langer Zeit. Es ist auch eine Kreuzung von Lebenswegen, die in Äthiopien von anderen Dingen bestimmt werden, als von den Menschen selbst. An diesem Tag treffen sich mit Zerfe und Elsa Glück und Pech.

Acht Jahre ist es her, da drehten die beiden Mädchen in Addis Abeba gemeinsam ihre Trainingsrunden, am liebsten jeden Tag. Elsa war gut, sehr gut sogar. 16:40 auf 5.000 Meter. Auf der Bestenliste ihres Vereins stand sie damit weit oben, vor Zerfe. Dann, eines Tages, kam ein Mann zu Elsa nach Hause. Er war ein einflussreicher Mann der Regierungspartei. Und er wollte Elsa heiraten. Ihre Eltern hielten das für keine gute Idee; sie wünschten sich, dass das Mädchen weiter lernt und läuft und dann selbst entscheidet, später einmal. In Äthiopien gibt es nicht viele Möglichkeiten, Ehe-Anfragen von tonangebenden Männern abzulehnen. Im Grunde gibt es nur eine einzige: Elsas Familie bereitete Hals über Kopf ihre Flucht vor, ein Onkel begleitete sie auf dem Weg in den Sudan. Da war sie 14 Jahre alt. Von nun an lief Elsa nie mehr einfach nur so. Sie lief weg. Vom Sudan nach Ägypten, von dort in den Libanon, vom Libanon nach Syrien, dann in die Türkei, von dort nach Griechenland und schließlich nach Deutschland. Der Tag, an dem sich Zerfe und Elsa dort nach acht Jahren zufällig wieder treffen, ist ein besonders glücklicher für Zerfe, das Mädchen, das in Äthiopien blieb. Denn es ist der Tag, an dem sie den E.ON Mitte Kassel Marathon gewinnt. Elsa könnte sich freuen über ein Wiedersehen nach so langer Zeit, freuen über den Erfolg der Trainingspartnerin. Sie könnte aber auch trauern um die verlorene Zeit und das eigene Talent, das sich nicht entfalten durfte. Elsa Kuma Zwerde tut an diesem Tag beides.

„Sie hat viel aufzuholen, aber das wird schon!", sagt ihr Trainer Winfried Aufenanger. Dabei ist es nicht einmal besonders wahrscheinlich, dass Elsa in Deutschland bleiben darf. Aber der 67-Jährige weiß, wie man sich selbst und anderen Mut macht. Über zwanzig Jahre lang betreute er als Verbandstrainer die Marathonläufer des Deutschen Leichtathletik-Verbands. Der renommierte PSV Grün-Weiß Kassel ist ohne ihn ebenso schwer vorstellbar wie der traditionsreiche Kasseler Citylauf oder der Kassel Marathon, zwei Läufe, die er als Gründer und Organisator begleitet. Seinen Optimismus braucht Aufenanger derzeit allerdings nicht nur für Elsa Kuma Zwerde, sondern auch für zwei weitere Asylbewerber, die er trainiert, beide ebenfalls aus Äthiopien. Was wie ein glücklicher Zufall wirkt, ist keiner: Jungen Talenten über das Laufen eine Perspektive und eine Möglichkeit zur Integration zu geben, ist eine Herausforderung, die Aufenanger sucht. Er hat gute Erfahrungen damit gemacht. Nicht ohne Stolz berichtet er, wie es ihm in den 1990er-Jahren gemeinsam mit dem Streetworker Lothar Kannenberg gelang, sozial benachteiligte Jugendliche für ein Trainingscamp zu begeistern – und sie obendrein als Helfer für den Citylauf zu akquirieren. „Das gab ihnen Halt und wir hatten ihr Vertrauen", sagt Aufenanger, der damals noch Polizeibeamter in der Kasseler

Nordstadt war, einer Gegend, die für Polizisten ein schwieriges und damit auch desillusionierendes Pflaster sein könnte. Aber der umtriebige Trainer, der oft ein wenig knurrig wirkt und einen so ganz anderen Eindruck hinterlässt, als es das Klischee des „Gutmenschen" vorgibt, hat etwas, was viele Menschen haben, die sich ehrenamtlich engagieren. Psychologen würden es vielleicht „eine hohe Frustrationstoleranz" nennen. Zudem eilt ihm der Ruf voraus, dass man ihn nicht leicht von einem Vorhaben abbringen kann. „Und dann kamen ja die zwei Algerier", erzählt er weiter, ganz so, als wollte er sich selbst noch einmal in Erinnerung rufen, wie es eigentlich dazu kommen konnte, dass er heute Dolmetscher besorgt, mit Anwälten telefoniert, auf Sachbearbeiter einredet und zu einem Experten für Asylrecht geworden ist. Die Algerier sind eine Erfolgsgeschichte mit Happy End. Wie das aussehen muss, ist für Aufenanger klar: „Ein deutscher Pass, Arbeit, Freunde, Familie."

Inzwischen muss sich „Aufi", wie ihn seine Läufer nennen, seine Herausforderungen nicht mehr suchen – sie finden ihn. Es hat sich bis in die Erstaufnahmeeinrichtung für Flüchtlinge in Gießen herumgesprochen, dass es da in Kassel einen gibt, der sich kümmert. So kam Elsa nach Kassel und auch Baher Musa Mummand, einem 19-Jährigen aus dem äthiopischen Harar, drückte jemand einen Zettel mit Aufenangers Telefonnummer in die Hand. Es erscheint erstaunlich, dass der Kontakt zustande kam, denn während Elsa immerhin ein paar Brocken Englisch spricht, kann sich Musa kaum verständigen. Beinahe drei Jahre war der junge Äthiopier unterwegs, er kam über den Sudan und Libyen, über das

Mittelmeer nach Italien und von dort über die Schweiz nach Deutschland. Auch seine Flucht war alles andere als sorgfältig geplant. Seinem Vater wurde vorgeworfen, der OLF anzugehören – einer militärischen Vereinigung, die für die Unabhängigkeit der Oromo kämpft, der größten der über 80 verschiedenen ethnischen Gruppen, die in Äthiopien in einer oft schwierigen und brüchigen Gemeinschaft leben. Musa weiß nicht einmal, ob an dem Vorwurf etwas dran ist. Der Vater wurde erschossen, seine Mutter und einer seiner Brüder kamen in Haft, wo sie noch heute sind. Musa war fünfzehn, als er sein Land verließ. Zu Hause in der Schule war der schmächtige Junge mit der Schuhgröße 37 ein Ass auf kurzen Strecken. Dass ihm auch die längeren liegen, hat er erst in Kassel entdeckt. Er ist begabt und schnell.

Damit wir mit ihm und den anderen reden können, organisiert Winfried Aufenanger einen Dolmetscher – einen Mann mit Happy End. Daniel Ghebreselasie kommt aus Eritrea, einem Land, aus dem viele gute Läufer stammen. Und einem Land, das auf der aktuellen „Rangliste der Pressefreiheit" von Reporter ohne Grenzen auf dem letzten Platz liegt – hinter dem Iran, Syrien und Nordkorea. Der Mann mit dem klingenden Namen ist selbst ein ausgezeichneter Läufer und lebt seit zwanzig Jahren in Deutschland. Auf Amharisch, der äthiopischen Amtssprache, kann er mit Aufenangers Schützlingen kommunizieren.

Für unser Gespräch treffen wir auch Ybekal Daniel Berye, mit 26 Jahren den ältesten der drei Läufer. Seit dreieinhalb Jahren lebt er schon hier. Damit darf sein Name immerhin auf deutschen Bestenlisten auftauchen. Ohne Genehmigung, das Bundesland zu verlassen, zum Beispiel, um in München bei einem Marathon anzutreten, ist ihm wegen der sogenannten Residenzpflicht dagegen verwehrt. Ybekal floh, weil er sich in der Opposition engagierte und bedroht wurde. Inzwischen ist er hier im Status der Duldung, mit der die Ungewissheit manchmal auf Jahre zementiert wird. Hätte er einen äthiopischen Pass, würde er rasch abgeschoben. Man erwartet von ihm, dass er sich selbst darum bemüht. Sie sind schwer zu verstehen, die Tücken und Windungen im Asylrecht.

Alle drei sind in Laufkleidung zum Gespräch gekommen, als würden sie sich darin am wohlsten und sichersten fühlen. Ybekal trägt eine Jacke des PSV Grün-Weiß Kassel, auf der sein Name steht. Ein Kleidungsstück, das eine Zugehörigkeit demonstriert, die es sonst für ihn nicht gibt. Er versucht cool zu sein, ist charmant, lächelt viel. Beim Frankfurt Marathon ist er schon einmal eine Zeit von 2 Stunden und 18 Minuten gelaufen, das gibt Selbstbewusstsein. „Wenn ich viel trainiere", sagt er, „kann ich die aktuelle deutsche Bestzeit knacken!" Kaum hat er sein Ziel ausgesprochen, piepst die Laufuhr an seinem Handgelenk, als wollte sie ihn ans Training erinnern. Nötig ist das nicht. Der innere Schweinehund, der vielen Deutschen ein treuer Begleiter ist, begegnet ihm nie. „Wenn Laufen deine Zukunft ist, dann musst du laufen." Und Elsa ergänzt: „Man muss laufen, damit man besser wird und eine Chance hat." Ihre Stimme klingt fest und entschieden, aber sie sieht dabei so traurig aus, als würde es ihr selbst schwer fallen, an diese Chance zu glauben. „Wenn du nichts hast, keine Schule oder Arbeit, dann bist du froh, wenn du laufen kannst." Auch das Frohsein sehen wir ihr nicht unbedingt an. Immerhin – als wir Musa nach dem Training fragen, strahlt er, das erste Mal im Gespräch. „Es ist mein Traum, ein Läufer zu sein! Ich will hier bleiben, in Deutschland bekannt werden und gewinnen." Einen Moment lang sieht es aus, als würde ihn Ybekal, der Coole und Ältere, für seine Naivität belächeln. Doch dann sagt er: „Wenn du in unserer Situation nicht laufen kannst, hast du überhaupt nichts mehr, wofür es sich lohnt, zu leben." Und jetzt wirkt auch Ybekal plötzlich nicht mehr lässig und überlegen. Schnell wird klar, wie wichtig der Verein für die drei ist. „Wir wüssten ja nicht einmal, wie und wo man überhaupt an einem Volkslauf teilnehmen kann", sagt Elsa. Viele Dinge, auf die Läufer in Deutschland Wert legen, sind den drei Flüchtlingen egal. Die Schönheit der Strecke? Nicht entscheidend. Das richtige Essen? Kein Problem, alles ist gut. Ein Traumvolkslauf? Dort, wo man gut und schnell sein kann. Musik, Pulsmesser, GPS? Mit unserer Frage danach bringen wir alle drei zum Lachen und Kopfschütteln. Technik ist nicht das, was Heimatlosen fehlt.

Was sie dagegen spürbar peinigt, ist die innere Unruhe, die nicht weggehen will. Die Ungewissheit, die jede Wettkampfkonzentration stört und wegen der sie manchmal nicht schlafen können. Ybekal könnte äthiopische Papiere bekommen und kurzfristig abgeschoben werden. Seine Aufenthaltsgestattung muss er jeden Monat erneuern lassen. Elsas Zukunft ist ebenso ungewiss. Die Behörden haben Zweifel an ihren Angaben. Es gibt Widersprüche wegen der angegebenen Zeiten. Äthiopien hat eine grundlegend andere Zeitrechnung – Jahreszahlen, Monate, Tagesbeginn – nichts stimmt mit unserem Kalender überein. So entstehen oft Missverständnisse, die von Behörden als Falschaussagen interpretiert werden. Zweifel bestehen auch an anderer Stelle. Man teilte Elsa mit, sie habe nicht angemessen traurig gewirkt, als sie davon berichtete, dass man ihren Onkel nach ihrer Flucht erschossen habe und ihr Vater ihretwegen inhaftiert worden sei. In einer Welt, in der in jeder Castingshow die Tränen sturzbachartig fließen, erscheint eine junge Frau suspekt, die angesichts der eigenen kummervollen Geschichte nicht weint. Aber selbst, wenn ihr die Behörden schließlich Glauben schenken – eigentlich muss Elsa der umstrittenen Dublin-II-Verordnung nach zurück nach Griechenland – dort wo EU-Gebiet zuerst betreten wurde, muss der Asylantrag gestellt werden. Mit der gleichen Begründung könnte Musa, der Junge aus Harar, der für Deutschland gewinnen will, zurück nach Italien geschickt werden. Dorthin, wo er vor zwei Jahren von Bord eines Schlepperboots ging.

Am Abend treffen wir Winfried Aufenanger zum Training im Kasseler Auestadion wieder. Er scherzt und redet mit einem speziellen Gemisch aus Deutsch und Englisch auf die jungen Äthiopier ein, wie er es offensichtlich immer tut. Die drei mögen das Training, sie mögen es, rauszukommen. Musa lebt in einer Gemeinschaftsunterkunft und teilt sich das Zimmer mit einem jungen Mann aus Somalia. Miteinander reden können sie nicht, es gibt keine Sprache, die sie beide sprechen. Der Somali liegt meistens im Bett. Musa aber hat Trainingstermine. Aufenanger knufft Elsa und macht einen Spruch. Dann begrüßt er jeden einzelnen der eintreffenden Läufer ausführlich. „Er ist nicht nur ein Trainer, er ist ein Vater", sagt Elsa.

Dass er eine Abschiebung der drei im Zweifelsfall nicht verhindern könnte, ist Aufenanger bewusst. Aber ein Marathonläufer, der sich unterwegs die Sinnfrage stellt, ist verloren. Winfried Aufenanger nimmt das Leben sportlich. Das Machen liegt ihm mehr als das Grübeln. Diese Leute brauchen Hilfe, er kann helfen, für wie lange auch immer. Alles andere ist zweitrangig.

Musa ist enttäuscht. Er kann heute doch nicht mittrainieren, er hat sich mit zwei harten Läufen hintereinander überlastet, das Schienbein schmerzt. Der Trainer ist besorgt. „Da machst du heute Nacht Quark drauf! You know Quark?" Musas Gesichtsausdruck zeigt, dass er nicht die geringste Vorstellung davon hat, was Quark sein könnte. Aufenanger kramt in seiner Tasche und drückt einem Vereinskollegen ein paar Münzen in die Hand. Er soll Quark für Musa kaufen und ihn ein Stück mitnehmen. Der Kollege hat eigentlich keine Zeit, aber jede Gegenwehr ist zwecklos.

Nun muss auch Aufenanger aufbrechen, die anderen haben das Stadion schließlich schon für ihre Trainingsrunde verlassen. Wir sehen ihm nach und sind geneigt, gemeinsam mit ihm auf ein Wunder zu hoffen. Auf ein glückliches Ende, auf drei glückliche Enden. So wie es eines für Daniel Ghebreselasie gab. Der Mann, der Elsa, Musa und Ybekal für uns übersetzt hat, sollte damals abgeschoben werden, zurück, mitten in den Krieg zwischen Äthiopien und Eritrea. Doch dann rettete ihn die Liebe: Die Frau seines Herzens, ebenfalls aus Eritrea, bekam eine Aufenthaltsgenehmigung – sie heirateten und er durfte bleiben. Ein deutscher Pass, Arbeit,

Freunde, Familie. Seither hat der erfolgreiche Läufer, der noch heute, in der Altersklasse M50, einen Marathon in 2 Stunden, 50 Minuten läuft, viele Siege errungen. Wirklich wichtig ist ihm allerdings nur der über sein vermeintliches Schicksal. Als Daniel Ghebreselasie geboren wurde, lag die durchschnittliche Lebenserwartung in seinem Land bei 39 Jahren.

Alter, ey.

Neulich las ich die Überschrift „Wohnen im Alter" und fühlte mich gleich angesprochen. Warum auch nicht? Da stand ja nicht, in welchem Alter. Und in irgendeinem Alter bin ich ja wohl. Zum Glück bin ich Läuferin und deshalb bin ich nicht nur in einem Alter, sondern in einer Altersklasse. Wer in einer Klasse ist, geht noch in die Schule, ist also jung. Ich bin gern in einer Altersklasse. Jetzt sind die großen Ferien vorbei, wie es aussieht, werde ich wohl versetzt und komme in die nächste Klasse. Wenn es so ist wie früher, dann kann ich jetzt auf alle, die eine Klasse drunter sind, nur müde herablächeln.

Ein bisschen was hat sich aber doch geändert. Ich glaube nämlich, dass mir eigentlich noch die Reife fehlt. Ich werde versetzt, obwohl ich so vieles immer noch nicht kapiert habe, und würde es Noten geben, in Weisheit, Coolness und Abgeklärtheit würde ich sicher schlecht abschneiden. Ich bin für die nächste Klasse eigentlich gar nicht geeignet. Die anderen wahrscheinlich schon. Aber ich doch nicht! Manchmal sehe ich Mütter mit erwachsenen Kindern und kann nicht fassen, dass sie in meinem Alter sind. Die Mütter, nicht die Kinder! Jetzt im Winter, habe ich keinen Zweifel dran, dass das alles ein riesengroßer Irrtum sein muss. Ich könnte gut und gern noch fünf Jahre in meiner bisherigen Altersklasse bleiben.

Doch dann kommt das Frühjahr. Und der erste Volkslauf in kurzen Hosen. Und die Fotos von den kurzen Hosen mit dem, was drinsteckt. Und ich mache ein langes Gesicht zu den kurzen Hosen. Die Begriffe Cellulitis und Cellulose wurden sicherlich bei der Geburt vertauscht. Denn Cellulitis klingt wie etwas Entzündliches und das hab ich gewiss nicht. In Cellulose dagegen steckt das Wort lose und das ist ja das Gegenteil von fest und das könnte man schon eher mit meinen Oberschenkeln in Verbindung bringen. Das macht ja aber nichts, wer läuft mit Mitte vierzig schon in kurzen Hosen herum und das mitten in der Stadt. Läufer und Läuferinnen machen das! Und dann sehen sie partiell plötzlich so alt aus, wie sie sind, statt so, wie sie sich fühlen. Ist das nicht gemein? Ist es.

Manchmal, im Hochsommer, sehe ich bei größter Hitze Frauen in langen Hosen. Frauen, die noch lange nicht in meine Altersklasse versetzt wurden. Kein wellenschlagender, dellenbeuliger Oberschenkel sieht so traurig aus wie eine junge Frau mit langen Hosen bei 27 Grad. Das kann es auch nicht sein. Die armen Hascherln sollten mal zu einem Volkslauf gehen und sich die Damen und Herren der W und M-70 ansehen, allesamt mit freien Beinen und Armen, giggelnd wie die Kinder und auf dem Sportplatz ins Ziel fegend, schneller, als ich es mit 16 konnte. Und dann sollen sie ihre blöden langen Hosen ausziehen.

Es ist eben bei Läufern doch alles ein bisschen anders. Der kindliche Spaß am Um-die-Wette-Laufen macht etwas mit uns. Es scheint, als sollten uns die Altersklassen nicht daran erinnern, wie alt wir sind, sondern wie alt wir sein könnten, wenn wir so alt wären, wie die, die so alt sind wie wir. Und das ist schließlich etwas völlig anderes.

Agenda 2033.

Eine Zeitreise.

Es war spät gestern. Wir haben ja auch Geburtstag gefeiert. Ich bin jetzt „W 65"! Verrückt. Das heißt, früher wäre ich das gewesen. Als es noch die Altersklassen im Breitensport gab. Die haben sie ja abgeschafft. Es gibt einfach zu viele Läufer über 50 und zu wenige darunter. Wir haben jetzt nur noch drei Leistungsklassen: Bronze, Silber, Gold. Die Alten sind Gold. In der Begründung zur Änderung hieß es, die neue Einteilung „wertet das Alter sichtbar auf und motiviert junge Menschen, mit dem Laufen zu starten und auch einmal den Gold-Status zu erreichen." Ein ganz schöner Quatsch, eigentlich.

Wer weiß, ob das so bleibt. Wir Läufer haben ja schon viele Neuerungen kommen und gehen sehen. Ich kann mich noch gut an die Kompressionsstrümpfe erinnern. Die mochte ich ganz gern. Dann kamen aber die Kompressionshosen, dann die Kompressionsanzüge und als sie dann Kompressionsgesichtsmasken entwickelt haben, bin ich ausgestiegen. Die Masken haben die Gesichtszüge in ein Dauerlächeln gedrückt. Laut Studien wurde dem Gehirn so die Rückmeldung gegeben, dass es dem Läufer gut geht, was sich positiv auf die Leistungsfähigkeit auswirken sollte. Das war mir aber egal. Es sah einfach zu bescheuert aus. Was ich dagegen ganz interessant fand, war der „Natural Breathing"-Trend. Die Menschen der Urzeit, so hat man herausgefunden, haben viel tiefer geatmet, deshalb konnten sie auch den ganzen Tag laufend Säbelzahntiger und so anderes Zeug jagen. In „Natural Breathing"-Seminaren konnte man darum lernen, wie man wieder tiefer atmet. Ich hab mir dann auch gleich einen „Breath Coach" gekauft, so ein Ding, was man sich umschnallt und das den Brustkorb automatisch in der richtigen Frequenz hebt und senkt. Die Geräte haben sie aber verboten, weil man davon abhängig wurde und ohne den „Breath Coach" plötzlich vergessen hat zu atmen. Ich hab's dann sofort in den Elektroschrott-Schredder an unserem Haus gesteckt.

Leistungsfähigkeit ist eigentlich sowieso nicht mehr so wichtig, seit es E-Shoes gibt. Man kommt einfach viel schneller voran damit. Es ist zwar nur ein kleiner Akku drin, aber der Motor potenziert die Abdruckkräfte des Fußes einfach enorm. Früher bin ich oft im 6er-Schnitt gelaufen, heute ist ein 4er ganz normal. Seit es E-Shoes gibt, ist das Australian Jumping auch total off. Eine Zeit lang sind ja alle mit diesen Sprungfedern unter den Schuhen durch die Gegend gehüpft, so känguruhmäßig. Es hieß, man verbraucht viel mehr Kalorien, weil man sich ja gleichzeitig vorwärts und nach oben bewegt. Dann gab es aber all diese Verletzungen durch Äste und die E-Shoes sind eben einfach crosser, die flanschen die Leute viel mehr an. Man ist halt nicht mehr ganz so fit wie früher, weil die Schuhe einem doch viel Kraftaufwand abnehmen. Wem das Training nicht genügt, der kann ja aber immer noch den Dream-Runner nutzen. Also so einen Schlafhelm, der nachts genau die Gehirnareale aktiviert, die beim Laufen in Aktion sind. Angeblich bringt das richtig viel. Beim Laufen im Schlaf wird ja auch der Bewegungsapparat geschont.

Ich hab mir letztes Jahr eine neue Kniescheibe gegönnt, es gab von Nike da ein paar ganz schöne. Die machen ja unheimlich viele crosse Sparies, also Ersatzteile für Sportler. Nachts leuchtet jetzt immer das Nike-Logo im Knie, das sieht richtig wonkel aus. Das Leuchten korrespondiert auch gut mit dem Blinken von meinem Nutri-Chip und meinem GPS-Sender. Die hab ich mir beide vor ein paar Jahren unter die Haut schießen lassen. Der Nutri-Chip misst die Nährstoffkonzentration und die Fließgeschwindigkeit des Blutes und sagt mir immer genau, wann ich unterwegs essen und trinken muss. Und der GPS-Sender ist sowieso voll die Säge – nie wieder verlaufen und immer wissen, wo man war! Die Chips unter der Haut arbeiten auch im Thermo-Cover wirklich sehr zuverlässig. Das ist diese Ganzkörper-Hülle, die die Wettereinflüsse nivelliert. Durch den Klimawandel haben wir ja dauernd mit extremer Hitze oder Kälte zu tun, das Thermo-Cover lässt einen immer im optimalen Klima laufen. Einfach capital, das Ding.

Volksläufe mache ich irgendwie nicht mehr so viel. Das ist mir zu viel Duftverschmutzung. Man wählt ja die Laufklamotten heute nicht mehr nach Farbe und Schnitt aus, sondern nach dem Geruch. Ich selbst hab ja nur Maiglöcklichen und hab alles darauf abgestimmt. Aber wenn dann Amber, Patchouli, Lilie oder die neuen Sorten Sojawurst, Kefirpilz und Reisbier dazukommen, dann ist mir das alles zu viel. Wenn ich jungen Leuten erzähle, dass man früher beim Laufen den Schweiß riechen konnte – die können das gar nicht glauben. Obwohl Schweiß ja längst nicht mehr so negativ besetzt ist wie früher, seit man die Salze darin als thermochemischen Wärmespeicher nutzen kann. Ich trage zum Laufen heute ein Fleece, das danach direkt in den Heizungskeller wandert, unser Hauskraftwerk arbeitet capital damit.

Vor fünf Jahren habe ich noch etliche Volksläufe gemacht, die ja jetzt „Move-arounds" heißen (um junge Leute mehr anzusprechen). Die Bahn hat stillgelegte Streckenabschnitte als „Rail Marathons" angeboten und sich auch als Veranstalter versucht. Das war eigentlich ganz droll. Aber dann kam es immer wieder zu Verspätungen bei den Startschüssen, Staffelläufer hatten nie pünktliche Anschlüsse. Da haben sie das Projekt wieder aufgegeben.

Ich würde ja gern mal wieder einen Marathon laufen, aber mir gehen die Reispartys immer so auf die Nerven. Seit es fast nur noch chinesische Sponsoren gibt, kriegt man nirgendwo noch Nudeln vor dem Rennen. Und die Algen an den Versorgungstischen krieg ich auch nicht runter. Dabei ist angeblich die Kartoffel eh das Beste zum Laufen, wie Studien jetzt herausgefunden haben. „Mehr Stärke durch Stärke!" Ach, wer weiß, ob das so stimmt.

Am Ende gewinnen doch nur wieder die Läufer aus Island. Ich finde, das war auch einfach keine gute Idee, das Doping frei zu geben. Den afrikanischen Läufern hat das überhaupt nicht gut getan, die sind einfach auf Dauer nicht robust genug für diesen ganzen Hormonquatsch. Der Konkurrenzkampf wurde immer giftiger und was haben wir jetzt davon? Die Isländer haben das Schwefeldoping und keiner kommt ihnen bei. Niemand weiß, was sie da eigentlich zu sich nehmen, es muss irgendetwas mit ihren heißen Quellen und Geysiren zu tun haben. Und jetzt rennen sie seit Jahren alles in Grund und Boden. In Berlin haben schon wieder Guðmundur Fjalar Kristjánsson Hallssonar und Hrafnhildur Ingibjörg Bryndísardóttir gewonnen. Die Isländer haben auch die crossesten Uri-Tights. Eigentlich brauchen Elite-Läufer ja keine Windeln, weil sie gar nicht so lange unterwegs sind, vor allem die Isländer nicht, die sind ja beim Marathon nach spätestens 1:48 wieder im Ziel. Aber die chinesischen Sponsoren sind einfach gnadenlos, da müssen die Uri-Tights in die Kamera gehalten werden. Am Anfang ist es ja gewöhnungsbedürftig. Dass man es unterwegs einfach so ... in die Windel ... Aber was will man machen? Es gibt ja keine Dixihäuschen mehr und die Uri-Tights sieht man ja auch kaum noch, so dünn sind die. Inzwischen find' ich's in Ordnung.

Ich glaube, ich muss jetzt langsam mal anfangen zu arbeiten. Offiziell muss man ja ab 65 Jahren bis zum 75. Geburtstag nur noch 5 Stunden am Tag an den Schreibtisch, aber wenn ich nur so wenig arbeiten würde, könnte ich mir die Miete nicht leisten. Ich erzähle euch dann bald mal wieder, was es Neues gibt. Wenn ich in der W 85 bin. Oder wie immer sie diese Altersklasse dann nennen.

Verpflegungsstelle.

Bonames 2013

Weiltal 2013

Kelkheim-Hornau 2014

Egelsbach 2013

Lorsbach Fasching 2013

Großkrotzenburg 2013

Königstein 2013

Neu-Isenburg 2013

Frankfurt 2013

Lorsbach Herbst 2013

Frankfurt Silvesterlauf 2013

Jügesheim 2013

Naurod 2013

Taunusstein 2014

Obertshausen 2014

Weiltal 2014

Was man zum Laufen braucht.

Die 10 beliebtesten Sätze von Volks-läufern.

Es gibt Sätze, an denen kommt man als Volksläufer nicht vorbei. Sie gehören zum Lauf, wie die farbigen Nachmel-dezettel, die fehlenden Toiletten, die Schlüsselklimperer, die stoischen Streckenposten bei jedem Wetter und die tropische Luft in zu engen Umkleideräumen. Sätze wie Plastikbecher, Worte wie Badeschlappen. Hier sind meine 10 Favoriten.

10. Ist hier ein Klo?

Interessanterweise wird dieser Satz nie beim Betreten eines Toilettenvorraums geäußert, sondern immer auf dem Weg durch die Umkleide in Richtung der Dusche. Manchmal gibt es in der Nähe der Duschen eine Toilette, manchmal nicht. Das macht es so ungeheuer spannend. Gelegentlich lautet die Antwort deshalb: „Ja, eine!" Worauf sich zwangsläufig der nächste Standardsatz anschließen muss:

9. Steht ihr alle hier an?

Diese Frage wird meist mit einem Unterton geäußert, der di-rekt aus dem Blasenbereich des/der Fragenden zu stammen scheint. Es ist ein tiefes, blubberndes, überraschtes Entset-zen. Man wähnte sich schon am Ziel, um nun die grausi-ge Entdeckung zu machen, dass eben jenes von unzähligen Menschen bereits angesteuert wurde, die ebenfalls bis zur Unterlippe mit Isostar angefüllt sind. Glück auf!

8. Das haben wir nicht verdient.

Eine Feststellung, die immer dann gemacht werden muss,

wenn die Umstände unterwegs plötzlich widrig werden. Etwa, wenn es hagelt. Ein Vulkan ausbricht. Oder die Strecke eine gefühlte 72%ige Steigung aufweist. Wer dann noch sprechen kann, sagt eben das.

7. Das haben wir uns jetzt verdient.

Dieser Satz begleitet stets das Öffnen einer Bierflasche, das Zuprosten oder den Biss ins Bratwurstbrötchen (dann in der Variante „Daf hamwajef vedienp").

6. Dann brauchen wir hinterher wenigstens nicht duschen

Humorvolle Ergänzung von Punkt 8 im speziellen Fall des unterwegs einsetzenden Platzregens

5. Was läufstn du?

Hier ist der Kontext entscheidend. Wird die Frage bei der Anmeldung oder in der Umkleidekabine vor dem Lauf gestellt, ist mit „Was" die Streckenlänge gemeint. Meist geht es um die Auswahl zwischen einem 10-km-Lauf oder einem Halbmarathon. Steht man jedoch bereits nebeneinander im Startfeld oder trifft sich auf der Strecke, bezieht sich „Was" auf die Geschwindigkeit. Man könnte also beispielsweise mit „6er-Schnitt" oder „So um zwei Stunden" antworten.

4. Ist das Wasser warm?

Damit ist nicht das Verpflegungsgetränk gemeint, sondern die Dusche danach. Häufigste Antwort des erfahrenen und häufig kalt duschenden Läufers: „Noch!"

3. Ist der Michael noch hier?

Bis es zu einer Siegerehrung kommt, kann es ganz schön dauern. Da wäre noch die Tombola, dann der Ausfall der Boxen. Die Vorstellung der Kerbekönigin, der Dank an die Helfer, die Ehrung der Jubilare und der größten Schülermannschaft. Die Bambini-Ehrung und der Dank an die Sponsoren. Bis dahin sitzt Michael, der mutmaßlich die Altersklassenwertung M50 gewonnen hat, längst beim Sonntagsbraten. Deshalb wird die Frage immer ergänzt durch „Kann dem Michael jemand seine Urkunde mitnehmen?"

2. Warum tu ich mir das an?

Diese Anmerkung gehört zur Basis-Kommunikation des Läufers. Man kann ihn in Erlebnisberichte einstreuen, beim Ausschütteln der matschgetränkten Socken vor sich hin seufzen oder im Feld damit Kontakt suchen. Dieter Baumann sagt, dass man sich diese Frage nie stellen darf. Zumindest nicht unterwegs. Vielleicht wird sie deshalb so oft vorher und hinterher benutzt. Die korrekte Antwort darauf muss ganz im Sinne verbrüdernder Läufer-Dialoge natürlich lauten: „Das frag ich mich auch immer."

1. Falsche Richtung!

An diesem Satz ist nichts lustig. Ich weiß das und ihr wisst das. Begegnet man in einem Volkslauf-Feld allerdings einem entgegenkommenden Läufer, findet sich garantiert mindestens ein Witzbold, der dem einzelnen Läufer diesen nie da gewesenen und kreativen Satz entgegenschleudert. Vermutlich ist es ein genetisch bedingter Zwang, der bei 10 % der Bevölkerung vorkommt. Gelegentlich wird dieser Satz in Anlehnung an einen uralten Witz über einen Geisterfahrer durch „Einer? Hunderte!" ergänzt. Was nur wieder einmal beweist, dass der Volksläufer nicht auf der Strecke ist, um sich zu quälen, sondern, um sich zu amüsieren. Und sei es mit den unlustigsten Sätzen und ältesten Witzen.

Von Gefängniswärtern und Klingelbeuteln.

Bei den letzten Volksläufen hatte ich wieder einmal den Eindruck, es handelte sich um Spendenprozessionen, bei denen man etwas in herannahende Klingelbeutel werfen muss. Doch hinter dem rhythmischen Geklimper verbarg sich nur jedes Mal wieder jemand, der unterwegs Eichhörnchen scheinbar ein paar Nüsse abkaufen will. Dort, wo ich lief, gab es weit und breit keine U-Bahn und auch keinen Bus, für den man sich hätte sicherheitshalber Geld mitnehmen können. Auch der Taxiruf wäre mitten im Wald herzlich wenig sinnvoll gewesen. Also warum, frage ich mich, nehmen Menschen bei Volksläufen Geld mit? Ich habe lange nachgedacht, doch dann kam ich drauf. Ich möchte heute deshalb die Gelegenheit nutzen, eine wichtige Frage zu klären, die offenbar viele Menschen umtreibt: Das Wasser an den Verpflegungsstellen unterwegs kostet nichts. Wirklich nicht. Man braucht im Wald kein Geld.

Ja aber, sagt der sicherheitsbedürftige Volksläufer, wo soll ich es denn sonst lassen, das Geld für den Belohnungskuchen hinterher? Das Wechselgeld der Startgebühr? Das wird mir doch geklaut! In der Sporttasche! Unbeaufsichtigt! Nein. Wird es nicht. Ich weiß, es gibt Vereine, die warnen davor, Wertsachen in den Taschen zurückzulassen, sie können nicht dafür garantieren, das nichts wegkommt. Vielleicht muss man auch nicht unbedingt seine Rolex in der Tasche lassen. Obwohl Läufer nicht klauen. Ich sehe euch schmunzeln ob meiner ungeheuren Naivität, aber so ist das. Die Läufer, die ich meine, sind Sportler. Im besten Sinne. Sie wissen, was Fairness heißt, und sie beklauen keine anderen Läufer. Auf dem Land gibt es sie noch. Ich habe großes Vertrauen in sie. Wer gar nicht anders kann, möge sein Geld in verwegen aussehende Socken stopfen. Es geht niemand unbefugt in Kabinen, um in muffigen Sporttaschen in alten Socken herumzufriemeln. Seid mutig. Versucht es. Vielleicht gibt es euch ja den Glauben an die Menschheit wieder zurück.

Das ist jedoch nicht die einzige Lösung für geräuschvoll hopsende Münzen. Man kann das Geld auch einfach – und das scheint vielen neu zu sein – so einpacken, dass es nicht klappert. Ein Knaller! Es geht! Man kann dafür Alu- oder Frischhaltefolie nehmen. Einpacken, gut zusammendrücken, fertig. Das kleine Päckchen in die Tasche der Tights stecken und Ruhe herrscht im Wald. Ich habe diese Methode jahrelang bei Mittagsläufen angewandt, wenn ich mir auf dem Rückweg etwas zu essen mitnehmen wollte. Bitte versucht es doch einmal. Es wäre so schön, einmal ohne die Gesellschaft von Klingelbeuteln zu laufen.

Noch geräuschvoller als die Klingelbeutel sind allerdings die Gefängniswärter. Das sind die Läufer, die abenteuerlich große Schlüsselbünde mit auf die Strecke nehmen. Ich könnte jetzt wieder erzählen, dass Läufer anderen Läufern nicht die Schlüssel klauen, aber damit werde ich vermutlich wieder nicht durchdringen. Was also tun? Vielleicht muss man ja nicht ALLE Schlüssel mit auf die Strecke nehmen – Hausschlüssel, Kellerschlüssel, Büroschlüssel, Keller-vom-Büroschlüssel, Keuschheitsgürtelschlüssel, Geliebtenwohnungsschlüssel,

Rollerbladesrollenschlüssel, Fahrradschlüssel, Fahrradkellerschlüssel, Fahrradkellerverschlagsschlüssel, Fahrradkellerverschlagsfahrradschlossschlüssel, Sparschweinschlüssel, Autoschlüssel, Briefkastenschlüssel, Schlüssel, von dem man nicht mehr weiß, wofür er ist. Das Schlüssel-Konglomerat kann so eine Sporthose schon mal ziemlich asymmetrisch wirken lassen oder – mittig getragen – medizinische Fragen aufwerfen. Als Erste Hilfe würde ich dazu raten, die wirklich wichtigen Schlüssel, wie Haus- und Autoschlüssel, aus dem Gefängniswärterring herauszulösen und separiert zu betrachten. Als Zweite Hilfe – und jetzt kommt wieder ein ganz enorm kreativer Trick – würde ich die Schlüssel mit einem handelsüblichen Gummiring fixieren. Wieder entsteht ein kleines, vollkommen geräuschloses Paket. Ein Traum. Alles könnte so einfach sein. Und so schön leise.

Winke, winke.

Als wir klein waren, haben wir dauernd gewunken. Für Fotos oder der Oma oder einfach so. Nachdem wir erst mal kapiert hatten, wie es geht, haben wir es dauernd ausprobiert, auch bei fremden Leuten im Supermarkt. Wir wollten Beachtung und Zuwendung und mit dem Winken bekamen wir das sofort. Jetzt sind wir erwachsen und wollen immer noch Beachtung und Zuwendung, aber wir winken deswegen nicht mehr. Jetzt winken wir auf Bahnsteigen und in Flughäfen. Zum Beispiel wenn jemand geht, den wir eigentlich nicht gehen lassen wollen. Wir winken hinter Absperrungen und Autos nach. Wir winken auch, wenn wir jemanden verlassen, der zu krank oder zu schwach ist, um uns zur Tür zu bringen. Fremden Menschen winken wir eigentlich nicht mehr zu, es sei denn, es sind kleine Kinder oder es ist Karneval und wir stehen auf einem Motivwagen.

Als Läufer aber haben wir die Lizenz zum Winken. Wenn wir bei Volksläufen unterwegs sind, den langen, langsameren, dann bietet sich plötzlich die Gelegenheit. Besonders, wenn wir durch Ortschaften laufen oder unter Brücken hindurch, auf denen Menschen stehen. Dann ist der Impuls wieder da, mit einem fremden Menschen eine Verbindung aufzunehmen. Im normalen Leben wäre es peinlich und es würde auch nicht gelingen. Wer winkt schon jemandem zu, der trübe aus dem Fenster guckt.

Aber mit einer Startnummer auf dem Bauch sieht die Sache anders aus. Zuerst antwortet man am besten auf das

Winken eines Kindes am Fenster oder auf dem Balkon, das geht am einfachsten und ist kein bisschen peinlich. Schließlich geht es ja um das Kind. Nach dieser Generalprobe kann man sich daran machen, selbst den Arm zu heben und den ersten Schritt zu wagen. Sofort ist sie wieder da, die kindliche Neugier. Ob der andere wohl zurückwinkt? Für zwei Sekunden entsteht eine Beziehung zu jemandem und in diesen zwei Sekunden werden prompt alle Erwartungen an diese Beziehung erfüllt. Wäre es doch nur bei allen Beziehungen so einfach! Ein Lächeln, ein Gruß wirkt manchmal ebenso gut wie eine Verpflegungsstelle und trägt einen über den nächsten Kilometer. Jemand hat an uns gedacht. Das genügt. So verdichtet, so schön und so hilfreich können Begegnungen sein. Ihre Bedeutung speist sich aus ihrer Vergänglichkeit.

Erwachsene haben selten Zeit und Muße, solche Begegnungen zu schätzen. Es ist nur ein scheinbarer Widerspruch, dass ausgerechnet Läufer, denen man vorwirft, unnötigerweise zu hetzen, besondere Chancen haben, den Moment zu genießen und kindliche Freuden dem Vergessen zu entreißen.

Schlafes Schwester.

Ältere Menschen sprechen gern über ihre Verdauung. Ich bin jetzt in einer Vorstufe dazu angekommen. Ich spreche gern über meinen Schlaf. Der Fokus hat sich dabei merklich verschoben. Früher ging es um das Mit-wem und Wo, heute um das Wie-lange und Wie. Wenn ich es recht bedenke, gibt es überhaupt nur eine Sache, die einem das Laufen zuweilen madig machen könnte: Dass man dafür seinen Schlaf beenden muss.

Gelegentlich versuche ich das zu umgehen, indem ich beim Laufen weiterschlafe. Erst beim Ankommen, also nach der morgendlichen Laufrunde, bin ich dann wach. Aber sich bei Wind und Wetter trottend vorwärts zu bewegen, die Augen auf Halbmast, die Schritte klein und leise wie die einer Geisha – es ist nicht dasselbe wie in rollmopsiger Haltung in Biber-Bettwäsche zu verharren, bedeckt bis zur Nase wie ein Nilpferd im Schlamm.

Ich schlafe leidenschaftlich gern. Und das obwohl man ja währenddessen überhaupt nichts davon hat. Wenn man wenigstens merken würde, wie gut man gerade schläft! Wer würde sich schon als Feinschmecker bezeichnen, nur weil er hinterher satt ist! Manchmal weiß man noch etwas von seinen Träumen, was aber nicht unbedingt ein Zeichen guten Schlafs sein muss. Läufer teilen sich ihre Träume mit anderen Läufern. Die Details wechseln, der Plot bleibt. Läufertraum Nr. 1: Man will zu einem Lauf antreten, hat aber Wesentliches vergessen. Hosen oder Schuhe. Variante: Man tritt plötzlich bei einem Lauf an und ist nicht im Mindesten dafür trainiert. Weitere Variante: Man verpasst den Start, alle sind schon weg und man versucht das Feld einzuholen. Schauspieler träumen, auf der Bühne zu stehen und nicht einmal zu wissen, welches Stück gegeben wird. So ist das eben. Wir sind alle kleine Sensibelchen und haben Angst, unsere Sache nicht gut zu machen.

Meistens aber habe ich keine Ahnung, ob ich nachts möglicherweise virtuell gelaufen bin. Schade eigentlich. Was könnte man hinterher schöne Laufberichte schreiben! Meinen Schlaf kontrolliert derzeit zwar eine App, aber die weiß nichts von Träumen. „Schlafqualität 80 %" wirft sie mir morgens etwa aus. Damit bin ich genauso schlau wie vorher. Aber es beflügelt den Ehrgeiz. 100 % habe ich bislang nur einmal geschafft, ich arbeite jetzt an einer weiteren perfekten Nacht. Warme Milch am Abend, ein Spaziergang, das ganze Programm. Bislang ohne Erfolg. Stattdessen sagt die App manchmal: „Achtung: wenige Bewegungen!" Auch damit kann ich nichts anfangen. Ich dachte immer, es sei der Witz beim Schlafen, dass man möglichst nicht rotiert wie ein Grillhähnchen. Kürzlich lief ich 34 km, in der Nacht darauf beschwerte sich die App über zu wenig Bewegung. Hallo?

Das komaartige Schlafen ist mir in Wahrheit ohnehin das Liebste. Das, was einen morgens im Spiegel aussehen lässt, als sei man noch einmal durch einen Geburtskanal gedrückt worden, mit allen Folgen für die Gesichtszüge. Nur wenn ich völlig beknackt aussehe, habe ich wirklich gut geschlafen. Manchmal benutze ich eine Schlafbrille. Es hat eine Weile gedauert, eine zu finden, die einen nach mehrstündiger Benutzung nicht aussehen lässt wie einen magenkranken Lemuren. Aber sei's drum, ich muss mich ja wegen meiner Bemühungen um guten Schlaf nicht schämen.

Gleich am Anfang meiner Laufkarriere habe ich gelernt, dass man pro 10 km mehr in der Woche 15 Minuten in der Nacht länger schlafen soll. Wer also den Wochenumfang von 40 auf 60 km erhöht, braucht eine halbe Stunde mehr Schlaf pro Nacht. Ich kann das nur bestätigen. In der Marathonvorbereitung verwandle ich mich in ein Schlaf-Fress-Monster. Ich habe immer Hunger und sacke bei den Tagesthemen weg. Allein schon deswegen könnte ich nicht oft Marathon laufen, der praktisch nahtlose Übergang von Laufen, Essen und Schlafen lässt Sozialleben und Produktivität auf Dauer zum Erliegen kommen. Obwohl selbst das ein genießenswerter Zustand sein kann.

Der durchschnittliche Mensch verbringt mehr als 25 Jahre seines Lebens im Schlaf. Egal, wie die Sache also ausgeht – am Ende unseres Lebens werden wir mit etwas Glück sagen können: Wir hatten 25 gute Jahre. Das ist doch schon mal was.

Ein Hoch auf uns.

„Wir sind eine Mannschaft mit einem geilen Team", sagte Thomas Müller nach dem 7:1 gegen Brasilien. Unabhängig von dem etwas eigenwilligen Satzbau postulierte er damit etwas, was ihm alle Sportjournalisten bestätigen: Das gute Teamspiel hat Deutschland zum Weltmeister gemacht.

Läufer nicken dazu weise und stimmen ebenfalls zu – aber nicht unbedingt aus eigener Erfahrung. Denn der Läufer läuft nicht im Team. Nicht einmal, wenn er mit anderen läuft. Niemand gibt ihm entscheidende Pässe, verteidigt für ihn. Und wenn er 15 km läuft, sagt hinterher niemand: „Was ist dieser Mann heute gelaufen!!" Alles muss er selber machen. Mit der Zeit hat ihm das den Ruf eingebrockt, ein verschrobener Einzelkämpfer zu sein. Man kennt das ja. Manager, die sich selbst beweisen wollen, laufen einen Marathon. Egomanen, sozial kaum kompatibel. Sonst würden sie ja Handball spielen. Oder nett kicken, wie andere Jungs auch. Mädchen würden Volleyball spielen oder nach dem Zumba mit den Freundinnen in der Umkleide herumquietschen. Stattdessen behandeln sie einsam ihre Blutblasen wie Reinhold Messner im Basiscamp. Sind Läufer wirklich solche Solisten?

Sieht man sich die extremsten ihrer Sorte an, bekommt man Zweifel. Ultraläufer sind bekloppt, sonst würden sie nicht liebend gern mehr als 42 km zu Fuß im Laufschritt auf sich nehmen. Aber nichts lieben diese Bekloppten so sehr, wie die Gesellschaft von anderen Bekloppten. Vermutlich, um sich zu versichern, dass sie bestenfalls mittelbekloppt sind, denn es gibt IMMER einen, der noch bekloppter ist. Ultraläufer treten gern in Rudeln auf und das Ultralaufen lieben sie vor allem deshalb, weil man dabei so langsam ist, dass man sich unterwegs in aller Ruhe kennenlernen und Freundschaft schließen kann. Die Nacht ist noch jung? Der Lauf ist noch lang! Auch Marathonläufer neigen schon zur Rudelbildung. Das Weizenbier hernach schmeckt besser mit anderen. Nun ist eine Pastaparty zwar nicht eben das, was sich herkömmliche Menschen unter einer ordentlichen Sause vorstellen und bei Apfelschorle mit verkochten Nudeln haben sich noch die wenigsten verbrüdert. Das müssen Läufer aber auch nicht, denn sie duzen sich ohnehin. Wer trinkt schon mit der eigenen Familie Bruderschaft? Bin ich mit meiner Cousine ein Team? Wir sind doch sowieso miteinander verbandelt.

Läufer sind ein bisschen wie Motorradfahrer, die auf einsamen Strecken die Hand zum Gruß heben, wenn sie sich begegnen, weil sie umeinander wissen. Es ist eine Verbundenheit, die Fußballspieler und Handballer nicht kennen. „You'll never walk alone" bedeutet für uns „You'll never run alone." Wer ein guter Teamspieler sein will, auf dem Fußballplatz und im Leben, braucht sein persönliches Campo Bahia. Einen Ort, an den er sich zurückziehen kann, an dem er in sich gehen kann und Kraft schöpfen. An dem Ruhe herrscht und er sich selbst aushalten lernt. Für den Läufer ist das die Strecke. Wenn er davon zurückkehrt, kann er seine Energie wieder ganz in den Dienst einer Mannschaft stellen, zu Hause und im Job. Das Laufen macht den Läufer zu einem besseren Teamplayer. Und die gewinnen ja bekanntlich gern mal Herzen und Pokale.

Traktat wider die Diskriminierung.

Ich werde diskriminiert. Von Männern. Und von Frauen. Besonders von Frauen. Manchmal gerate ich mit anderen Menschen ins Gespräch über das Laufen. Die anderen Menschen sagen dann meistens eine von drei Sachen. Die erste geht so: „Für mich ist das nichts. Ich hab es mal versucht, aber ich finde es unglaublich langweilig. Und dann hatte ich auch gleich Knieprobleme. Mein Arzt sagt auch, ich sollte nicht laufen. Ich hatte als Kind mal eine Kniepatellasehnenabrissknorpelplattenolfaditis, da ist Laufen kontraproduktiv. Zumal bei Langeweile." Das zweite Statement lautet dagegen etwa so: „Laufen ist einfach stark. Ich kriege da den Kopf ganz schnell frei. Vor fünf Jahren bin ich jeden Tag gelaufen. Die letzten Jahre eher gar nicht. Marathon wollte ich schon immer mal laufen. Vielleicht mach ich das ja bald mal. Nächste Woche, oder so." Die dritte Aussage ist differenzierter. Man berichtet von Schwierigkeiten mit dem Schweinehund, von Unsicherheit in Bezug auf das Tempo und gleichmäßiges Laufen oder den Mühen, sich zu motivieren. Wenn mir der Mensch sympathisch ist und ich seine Unbilden für leicht lösbar halte, sage ich dann: „Wenn du Lust hast, können wir ja mal zusammen laufen." Dann allerdings bricht regelmäßig eine Entrüstung los, wie sie sonst nur nach mittelalterlichen Ritterspielen zu beobachten ist. Dazu gesellt sich hysterisches Lachen, der Läufer rollt mit den Augen, schaut gen Himmel und schüttelt immer wieder hospitalistisch den Kopf. „Um Gottes willen, bloß nicht!", schreit der Angesprochene (der oft einen doppelt ausgebuchteten Oberkörper, breite Hüften und kleine Füße hat, also eigentlich DIE Angesprochene heißen müsste).

„Du bist mir viiiiiel zu schnell! Du läufst dann voraus und ich hechel hinterher! Nein, ich bin doch nicht verrüüückt!"

Vielleicht, denke ich dann, ist dies einfach nur eine kleine Trainingseinheit für die Tiefstapelmeisterschaft. Dieser Wettbewerb findet alle vier Jahre statt. Nächstes Jahr sind wieder Tiefstapelmeisterschaften, dieses Mal in Sydney. Vor drei Jahren in Montpellier gewann ein Kenianer mit einer Marathon-Bestzeit von 2:05:21 Gold. Er hatte angegeben, sein Lebenstraum sei es, einmal mit Bud Spencer zu laufen, aber er habe furchtbare Angst, sich neben ihm als schleichender Erpel zu blamieren. Ich frage deshalb meine Gesprächspartner nach ihrem Trainingsstand in Bezug auf Sydney, aber sie verstehen mich nicht, nur das hysterische Lachen geht weiter. „Mit diiir laufen! Ha!" Dann folgt eine ausführliche Beschreibung der eigenen Fähigkeiten. Laufen könne man das streng genommen nicht nennen, was da vor sich ginge, es handele sich eher um eine Art Krabbeln, man nehme auch oft beide Hände zur Hilfe, um vorwärts zu kommen, vielleicht sei „Krauchen" der richtige Ausdruck. Man habe auch immer das Handy dabei, mehrfach habe man schon die Ambulanz bemüht, weil man so sehr um Luft habe ringen müssen, im Spital habe man dann ein künstliches Koma erwogen, habe dann aber festgestellt, dass der Patient bereits im Koma sei, ja, eigentlich sei Koma das richtige Wort, das den eigenen Laufstil und die dabei erreichte Geschwindigkeit treffend beschreibe.

Ich bin schon mit Herbert Steffny und Dieter Baumann gelaufen. Ich würde keine Sekunde zögern, einer kleinen Reisegruppe aus Mo Farah, Kenenisa Bekele, Tirunesh Dibaba und

Usain Bolt im Laufschritt das „Grie-Soß-Denkmal" in Frankfurt-Oberrad zu zeigen, falls Bedarf an dieser Art Zerstreuung bestünde. Ich mache das Tempo, basta. Die Herrschaften sind ja mit Slow Motions vertraut. Ich kann alle Tempi vom 5:30er-Schnitt aufwärts laufen und wenn ich jemanden begleite, der ein langsameres Grundtempo hat als ich, habe ich noch nie so etwas gedacht wie: „Hahaha! Die Flasche. Gleich ziehe ich an und dann kann sie sehen, wo sie bleibt, die Null!" Solches ist mir grundsätzlich fremd. Ich selbst bin nur zu mäßigen Geschwindigkeiten fähig, zumal derzeit. Was also bewegt Menschen zu diesen bis zur rüden Ablehnung reichenden Reaktionen? Warum wollen sie nicht mit mir laufen? Würden sie stattdessen lieber mit André Rieu Geige spielen? Mit Günther Grass dichten? Oder umgekehrt? Oder liegen die Gründe ganz woanders? Rieche ich vielleicht wie ein in Essig eingelegter Romadour und habe es nie bemerkt? Auf jeden Fall werde ich diskriminiert.

Der macht nix!

Warum auch Läufer ohne Hund immer mit Hund laufen.

Der Läufer ist eine glückliche Existenz. Mit Ausnahme von Autos und Fahrradfahrern hat er praktisch keine natürlichen Feinde. Er könnte sich in seinem Lebensraum wohlig ausbreiten, müsste er ihn nicht mit einer anderen Spezies teilen: dem Hundebesitzer nebst vierbeinigem Anhang. Dabei sind Läufer und Gassigänger eigentlich eine Schicksalsgemeinschaft. Beide sind sie auch dann in Parks und Grünanlagen unterwegs, wenn man eigentlich keinen Hund vor die Tür jagt. Egal, ob es regnet, schneit, hagelt und glatteist – Hunde müssen immer müssen und Läufer immer laufen. Eigentlich sollten sich also alle lieb haben. Wäre da nicht die unschöne Neigung der Hundebesitzer, ihre Bellos zwar an der Leine, aber nicht im Griff zu haben. Läufer mit Pulsmessern kennen die heftigen Ausschläge in der Grafik, wenn ihnen wieder mal ein pelziges Etwas mit swarovskibeklunktertem Jöppchen und gefletschter Fröhlichkeit plötzlich zwischen die Beine rast. Aus der Leine wird dabei gern ein Fallstrick und aus dem harmlosen Morgentrab ein Hinderniscrosslauf. Wohl dem, der nicht zusätzlich mit Angst vor impertinenten Kaniden (unartigen Hundeartigen) geschlagen ist.

Doch auch, wenn weit und breit kein Vierbeiner zu sehen ist, weiß der Läufer, dass er sein Revier teilen muss. Nicht jedem ist die zusätzliche Dämpfung unter dem Schuh willkommen, die man arg-, aber nicht spurlos in die Wohnung trägt. Und jeder kennt das unwürdige Procedere, bei dem man auf einem

Bein balancierend und verdreht mit einem kleinen Stöckchen streng riechende Bröckchen aus den Flexkerben schnippt. Groll scheint also berechtigt. Doch das Tier kann nichts dafür. Laufen regt eben seine Verdauung an – wer kennt das nicht? Die beste Möglichkeit, Mensch und Tier laufend miteinander zu versöhnen, ist immer noch ein Lauftreff mit eingebautem Hund. Wer in seiner Laufgruppe von einem Vierbeiner begleitet wird, merkt schnell, dass alle nur das Gleiche wollen: Sich an der frischen Luft bewegen, in den Blättern rascheln, interessante Gerüche aufnehmen und hinterher angenehm müde sein. Die zum Rudel mutierte Laufgruppe kann die Lebensfreude des umherspringenden Hundes sehen und auf sich selbst übertragen. So viel Sorglosigkeit steckt an. Und gegen die Sache mit der Verdauung auf der Strecke hilft ja ein kleines, schwarzes Tütchen. Beim Hund, versteht sich.

Keine Frage der Zeit.

Eigentlich würde man ja gern viel öfter laufen. Konsequenter trainieren. Nicht, dass man nicht wollte! Unbedingt will man! Aber man KANN einfach nicht! Ja gut, Außenminister können das. Und US-Präsidenten. Vorstandsvorsitzende. Und diese ganzen wohlfrisierten, sieghaften, elastisch durchs Leben federnden Menschen, die sich vom Chauffeur zur Strecke bringen lassen (womit nicht gemeint ist, dass der Chauffeur sie abmurkst – er fährt sie eben zur schattig-kühlen Hausstrecke).

Wir dagegen werden nicht von einem vorgestanzten Terminkalender durch den Tag gereicht, nein, wir müssen da selbst durch. Und das ist ja wohl um einiges härter. Denn da ist niemand, der für uns plant, wann wir schlafen, essen, Freunde treffen, die Kinder abholen, kochen, die Nasenhaare schneiden, den Türgriff reparieren, das Auto in die Werkstatt bringen, E-Mails beantworten, Geschenke einpacken, zum Tierarzt fahren, Getränkekisten kaufen, die Kinder wegbringen und vor allem arbeiten! Wir müssen dauernd Geld ranschaffen und für alles andere bleiben gefühlte zwei Stunden am Tag. Und bei jeglichem, was wir tun, sollen wir auch noch ungeheuer sexy aussehen und vor Gesundheit bersten. So. Ja, wann denn? Ja, wie denn?

Das Beruhigende ist: Die meisten Menschen denken so. Wir sind mit unserem Stress nicht allein. Nun kommt aber das Beunruhigende: Es hilft uns nicht weiter. „Wann denn" und „wie denn" sind zwei Seiten der gleichen Münze und für die können wir uns nichts kaufen. „Warum denn?" wäre die weit bessere Wahl. Die Antwort auf diese Frage hat ein Kosmetik-Konzern gefunden: Weil ich es mir wert bin. Wir sollten rausgehen und laufen – nicht weil wir müssen. Nicht, weil uns das schlechte Gewissen nach dem letzten Grillabend treibt. Wir sollten laufen, weil wir nicht nur die Kinder lieb haben und den Mann mit den Nasenhaaren (oder die Frau, die uns ins Theater schleift) und die Katze, die sich den Magen verdorben hat, sondern, weil wir uns selbst auch lieb haben. Und wen man lieb hat, dem tut man Gutes.

Naja, endlich abends auf die Couch zu sinken ist auch ganz schön gut, werdet ihr jetzt sagen. Stimmt. Aber verschiebt es um nur 45 Minuten und es wird noch viel besser. Esst eine Handvoll Salzbrezeln, wenn euch der Hunger dazwischenkommt. Und die Belohnung nach dem Lauf wird vollkommen sein. Nie ist die Dusche erfrischender, die Couch bequemer, das Bier kühler als nach dem Laufen. Und während die Vorstandsvorsitzenden schon zum nächsten Abendtermin abgeholt werden, können wir in aller Ruhe, duftend und ungeheuer sexy aussehend den Türgriff reparieren.

Laufkleidung ist waschbar.

Heute habe ich eine Nachricht, die sicher viele überraschen wird: Laufbekleidung ist waschbar! Schon oft stand ich in engen Startzonen in einer bewusstseinstrübenden Pestwolke mit etlichen Mitläufern, die sehr an dieser Tatsache zu zweifeln scheinen. Vielleicht liegt das daran, dass man uns immer wieder weismachen will, Laufklamotten wären sensibel. Meiner Erfahrung nach sind sie ausgesprochen gefühlskalt. Ich habe Laufshirts aus dem frühen Tertiär, von denen ich mir wünschen würde, sie gingen endlich mal kaputt, damit ich mir guten Gewissens neue, schickere kaufen kann. Nichts. Sie werden mich vermutlich überleben. Man kann hochwertige Laufsachen tatsächlich unbesorgt waschen, schleudern und sogar in den Trockner werfen. Das Einzige, was wirklich mit der Zeit ein bisschen leidet, sind Reflektorstreifen und Logo-Applikationen. Deshalb drehe ich Lauftextilien immer vor dem Waschen „auf links".

Um die Läufer der Kategorie „Never wash a winning shirt" etwas aus der Schusslinie zu nehmen: Manche Shirts fangen schon an zu riechen, wenn man nur an etwas Schweißtreibendes denkt. Manche riechen sogar noch, wenn sie frisch gewaschen sind. Sportwaschmittel hilft. Wirklich.

Übrigens: Läufer dürfen Warmduscher sein, aber keine Weichspüler. Den nimmt Funktionskleidung nämlich übel. Dann „funzt" sie nicht mehr, wie wir im Internet heute sagen. Viel größere Sensibelchen als Shirts sind dagegen Schuhe. Obwohl wir sie Tag für Tag mit Füßen treten, mit Schlamm bespritzten und mit Schotter quälen, kennen auch sie eine Schmerzgrenze. Sie finden Waschmaschinen extrem blöd. Man sieht ihnen das nicht an, sie kommen ja sauber und komplett wieder raus. Aber die ganzen unaussprechlichen Technologien SpEVA, AzorbFL, HydroFlow, AHAR, PDRB, DNA, HPR, Mogo, Pivot, Solyte, TPU und die Kleber, die das alles zusammenhalten, können Waschpulver mit ihren Enzymen und Tensiden nicht leiden. Nach dem Waschgang sind sie beleidigt – und schon funzen sie nicht mehr. Man darf sich darüber nicht grämen. Erdbrocken kann man schließlich auch einfach abklopfen. Wenn man seine Laufschuhe sehr lieb hat, kann man sie zusätzlich mit warmem Wasser und einer Bürste reinigen. Vielleicht hilft es aber auch, es mal von einer ganz anderen Warte aus zu betrachten: Ein schmutziger Laufschuh ist ein Beweis für Läuferfleiß. Und Schlammflecken wie eine Medaille für den treuen Begleiter am Fuß – sie ehren ihn.

Dumdideldum.

Warum es nicht nur beim Rudern auf die richtige Schlagzahl ankommt.

Leidenschaftliche Langstreckenläufer meiden Abkürzungen. Es sei denn, sie kommen in Form eines Buchstabendreigestirns daher. Nach dem LDL (dem langsamen Dauerlauf), den STL (den Steigerungsläufen), dem BBP („Bauch, Beine, Po" – natürlich nur für Frauen) werden auch die BPM immer wichtiger. Für die Ahnungslosen unter euch: BPM sind „Beats per minute", die Schläge pro Minute, womit sich hier ausdrücklich nicht nur Läufer der SM-Szene angesprochen fühlen sollen. Es verhält sich nämlich anders: Findige Läufer suchen ihre musikalische Begleitung längst nicht mehr danach aus, ob ihnen die Musik gefällt, sondern ob sie „pusht", wie der Germane sagt. So wie Kaufhausmusik auf eine bestimmte Herzfrequenz der Käuferschar abgestimmt ist – langsam genug, um entspannend zu wirken, aber auch nicht so langsam, dass Kunden in Horden die Bettenabteilung aufsuchen, um das sedierte Haupt ins irisette-Musterkissen zu drücken – so lässt sich auch Laufmusik mit psychologischem Geschick einsetzen.

Das scheint nicht immer ganz zu gelingen – oft trabe ich hinter einem verkabelten Menschen her, der plötzlich jäh an Tempo verliert und ich stelle mir sofort vor, dass vermutlich gerade Xavier Naidoo intraohriös in ihn sickert und seine Glieder lähmt. Wenige Minuten, nachdem ich den bemitleidenswerten Kollegen überholt habe, schießt der allerdings im Primatenzahn an mir vorbei und ich denke, das könnte wiederum an „Don't stop me now" von Queen liegen. Läufersongs, so sagen Experten, sollten je nach Laufgeschwindigkeit am besten zwischen 130 und 150 bpm haben – oder die Hälfte davon. Wie viel bpm ein Song hat, muss man mithilfe von Musik-Apps natürlich erst einmal heraus finden. Und flugs wird das wunderbar einfache Laufen schon wieder zu einer komplizierten Wissenschaft. Am besten, man hält sich einfach an das, was auch für das Laufen ohne Musik gilt: Man horcht. Und zwar nicht nur aus sich heraus, sondern auch in sich hinein. So groovy die Musik auch sein mag, sie sollte nie die innere Stimme übertönen, die ruft: „Ich bin zu schnell! Ich komme mit Van Halen nicht mit! Ich sollte mir zwischendurch eine Amsel gönnen!" Dann ist es nämlich Zeit, sich zu entstöpseln und sich bezwitschern zu lassen. Aber auch und gerade dort, wo Straßenverkehr rauscht, sollte nur offenen Ohres gelaufen werden. Der Sound einer herannahenden Kawasaki ist vielleicht nicht besonders gefällig, aber er zählt noch immer zu den hörenswertesten Geräuschen, die ein Läufer wahrnehmen kann. Also: Passt an Straßen gut auf euch auf und lauft ab und zu ruhig auch mal GOM. Ganz ohne Musik.

Laufen ist langweilig.

Als ich heute morgen in den Spiegel schaute, bemerkte ich, dass mir der Mund in Fransen herunterhing. Ich habe wohl gestern mal wieder versucht, jemanden davon zu überzeugen, dass Laufen nicht langweilig ist. Laufen und langweilig, diese beiden Begriffe gehören für viele zusammen wie Sonntag und ausschlafen oder Streuselkuchen und lecker. Viel machen kann man da nicht. Obwohl ich es immer mal wieder versuche. Aber wenn ich übers Laufen rede, dann rede ich meistens gegen ein im Raum herumwaberndes „laaangweilig" an.

Es gibt aber einen Aspekt, über den habe ich noch nie gesprochen, vielleicht weil er nicht so griffig ist wie der Verweis auf Naturerlebnisse à la Vogelgezwitscher und frisch gemähte Wiesen. Es geht mehr um eine innerliche, beinahe spirituelle Sache, und wer darüber spricht, muss seine Worte sehr gut auswählen, damit er nicht als esoterisch verblendet gilt. Das macht es nicht einfach, aber ich will es versuchen.

Wenn man einmal darauf achtet, stellt man fest, dass unser ganzes Leben aus wiederkehrenden Dingen besteht. Tag und Nacht, Schlafen und Wachen, Ein- und Ausatmen, der Schlag des Herzens. Wir können noch so wild und abwechslungsreich und unbeständig leben – die Gleichförmigkeit des unabdingbaren Rhythmus hält uns im Takt. Es ist essenziell. Niemand findet es langweilig, immer nur ein- und auszuatmen. Es muss so sein. Auf einen Schritt mit dem rechten Fuß folgt einer mit dem linken. Wenn wir nicht hüpfen wollen, ist das einfach so. Der Rhythmus der Schritte passt dazu, wie unser

Körper funktioniert. Es ist die selbstverständlichste Bewegung der Welt. Man könnte diese Bewegung langweilig finden, weil sie uns keinerlei Talent, kein Wissen, kein Geschick und keine besondere Aufmerksamkeit abverlangt. Man könnte aber auch gerade das aufregend finden. Es gibt wenige Tätigkeiten, die derart schlicht und pur und intuitiv sind.

Laufen eröffnet uns die Chance, einfach nur zu sein und uns selbstbestimmt und selbstverständlich zu bewegen. Und dabei den Anforderungsregen, der auf uns niederprasselt, zu stoppen. Beim Laufen dürfen wir egoistisch sein. Wir laufen nicht für eine Mannschaft, wir tragen keine Verantwortung für Kinder oder Eltern oder Mitarbeiter, wir verdienen auch nicht mehr Geld, wenn wir schneller laufen. (Das gilt zumindest für die meisten von uns.) Es geht auch im Training nicht darum, dass am Ende einer gewinnt. Niemand gibt uns Kommandos. Wir müssen niemandem zuhören, nicht reagieren. Niemand schaut uns an, wir können uns nicht blamieren. Niemand bewertet uns. Alles, was in unserem Alltag eine große Rolle spielt, ist beim Laufen nichtig. Wir atmen ein, wir atmen aus, wir setzen den rechten Fuß vor den linken Fuß. Fertig. Es liegt an uns ganz allein, wie wir diesen Lauf gestalten. Wenn wir nicht gerade beruflich laufen, sind wir vollkommen frei, ob wir lange oder kurz, langsam oder schnell, bergauf oder im Flachland laufen. Wir sind ganz und gar frei in unserer Entscheidung, Herr der Lage und nur für uns selbst verantwortlich. Wie oft im Leben ist das sonst der Fall?

Und jetzt beginnt das Spannende. Jetzt müssen wir aushalten, dass wir uns geistig unterfordert fühlen. Aushalten, dass niemand mit uns spricht. Uns niemand bedudelt, beschallt und ablenkt wie sonst. Dass wir mit uns allein sind. Dass nichts Großartiges passiert. Außer einatmen, ausatmen, rechter Fuß, linker Fuß. Laufen ohne MP3-Player ist die Abkehr vom Multitasking und die Hinwendung zu sich selbst. Der Läufer nimmt sich ausnahmsweise selbst so wichtig, dass er nichts mehr anderes braucht. Am Anfang denkt er noch. An die Steuererklärung oder den nächsten Termin. Nach einer halben Stunde haben sich unangenehme Gedanken aufgelöst wie eine Wolke. Denken hat jetzt Pause, im Gehirn wird gerade einmal ordentlich durchgefeudelt. Eine Pause, die uns sonst nur vergönnt ist, wenn wir an einem menschenleeren Strand auf das Meer schauen. Oder in den Sternenhimmel.

Dieser Mangel an Reizen ist für viele schwer auszuhalten. Wir werden ungeduldig. Wir möchten, dass das alles einen Sinn hat. „Wenn ich renne, dann will ich wenigstens einem Ball hinterher rennen", sagen manche. Aber einfach so von A nach B laufen, obwohl man bei B gar nichts zu erledigen hat – wie sinnlos! In Wirklichkeit ist es genauso „sinnlos", einem Ball hinterher zu laufen, aber wir tun so, als wäre es anders. Dass irgendjemand für irgendetwas Regeln erfunden hat und wir diese Regeln nun befolgen; dass wir unablässig mit Reizen gefüttert werden, ob wir wollen oder nicht, erscheint uns normal und sinnvoll. Dass uns das Leben aber einen stillen kleinen Raum schenkt, und wir diesen Raum mit nichts anderem füllen sollen als mit unserem puren Sein und unseren Schritten, kommt uns komisch vor. Wer diesen Widerspruch knackt, ist der Langeweile schon ein großes Stück davongelaufen.

Laufen mit Startschuss.

Über das Volkslaufen.

Es ist nicht ganz einfach, etwas regelmäßig zu tun, dessen Bezeichnung einem nicht behagt. Ich gehe zum Beispiel volkslaufen und kann mit diesem Wort so gar nichts anfangen. Ich gehöre einer der Generationen an, bei denen beim Begriff „Volk" irgendetwas Komisches klingelt. Als hätte gerade der „Völkische Beobachter" das „Volk ohne Raum" beklagt. Was das „deutsche Volk" sein soll, habe ich ohnehin nie begriffen. Volkslauf klingt außerdem wie Menschenauflauf und das ist nun wirklich nichts, was mich anzieht. Nicht einmal mit Käse überbacken.

Ich bin in der Südpfalz aufgewachsen, einer Gegend mit einer sehr lebendigen Volkslaufszene. Eine Volkslaufstrecke ging an unserem Haus vorbei und ich kann wirklich nicht behaupten, dass es mich als Kind beeindruckt hätte. Mein Vater, seit jeher der SPD zugewandt, stand Körperertüchtigungen, die etwas mit „Volk" zu tun haben, ablehnend gegenüber und das färbte auf uns ab. Zumal mein Abschneiden im Schulsport mit dem Wort „Desaster" beschönigend ummäntelt ist.

Die Begriffsalternative „Wettkampf" macht mich auch nicht viel froher. Wettkampf mag auf die zutreffen, die zu Leichtathletik-Meetings fahren. Oder bestenfalls auf die, die gewohnt sind, von ihren Läufen schlecht verleimte Blech-Urnen für Wellensittiche mit einem Sockel aus Marmor-Imitat und ein Zellophangebinde der örtlichen Drogerie aus Waschlappen und Duschgel mit nach Hause zu bringen. Sieger eben, die sich in Wettkämpfen durchsetzen. Aber fährt man zu einem „Wettkampf", wenn man voraussichtlich als 496ste ins Ziel kommt?

Ich spreche immer gern vom „um die Wette laufen", was zugegebenermaßen etwas sperrig ist. Aber es transportiert das kindliche Vergnügen, um das es für mich geht. „Wer zuerst an dem Baum da vorne ist – drei, zwei, eins!" – damals war es vollkommen egal, wer zuerst an dem Baum war, es ging ja nur darum, der Lust am Laufen eine Art Rahmen zu geben. Und darum geht es heute noch. Drei, zwei, eins, peng!

Meinen ersten Volkslauf absolvierte ich zwei Monate nach Beginn meines Läuferlebens, vor 15 Jahren. Ich kann also sagen, dass ich nie nur Läuferin war, sondern immer auch Volksläuferin. Für Frauen meiner Leistungsklasse ist das eher ungewöhnlich. Ich kannte jemanden, der Volksläufe machte. Und der sagte: Du kannst es ja mal versuchen. So einfach ist das manchmal. Ich lief 5 km in Großkrotzenburg, im Wald, ohne Zuschauer und Sambatrommler. Wie eine Konrad Lorenz'sche Graugans bin ich bei dem geblieben, was ich zuerst erlebt habe. Diese Volksläufe sind mir bis heute am liebsten. Die Länge freilich habe ich ausgedehnt, die war ja nur dem Novizentum geschuldet. 31 Minuten habe ich damals gebraucht. Und ich dachte: Das ist doch gar nicht so übel für jemanden mit einer Fünf in Sport.

Seither stehe ich in der Saison sonntags öfter mal um 6 Uhr auf, um irgendwo anzutreten. Die Läufe halten mich bei der Stange. Sie sind mein Tempotraining und sorgen für Erfolgserlebnisse. Sie bestätigen mich, dass mein Schulsportdebakel nicht daran lag, dass irgendetwas mit mir nicht stimmte, sondern daran, dass so ziemlich nichts mit meinen Sportlehrerinnen stimmte. Selbst nach 30 Jahren tut das noch gut. Einmal bin ich bei einem Lauf erste Frau geworden, einmal letzte. Beide Erlebnisse möchte ich nicht missen. Einmal bin ich bei einem 25er nach 20 km ausgestiegen, weil ich unfassbare Leibkrämpfe hatte, auf dieses Erlebnis hätte ich verzichtet, wenn es mir jemand feilgeboten hätte.

Ich laufe auf Strecken, die anders sind als meine Hausstrecke, ich mag die Vielfalt und Abwechslung. Ich mag die Atmosphäre. Ich mag erwachsene Menschen in albernen kurzen Hosen. Ich mag erwachsene Menschen, die durch Pfützen springen und im Regen lachen. Ich mag die Alten, die mich motivieren, immer weiter zu laufen. Und besonders mag ich die Armee aus Muttis und Omis, die morgens mit liebevoll abgedeckten Blechen und atommeilergroßen Tortenhauben anrücken, um die Kuchentheke für Läufer zu bestücken. Man kann sich mit anderen messen auf der Strecke, man muss es aber nicht. Man lernt, sich schwierige Strecken einzuteilen. Und vor allem lernt man, durchzuhalten, viel mehr als beim einfachen Morgenlauf zu Hause. Ein Start, ein Ziel, dazwischen ein Auf und Ab, viel Willen und Zuversicht – das trainiert zu haben, immer wieder, hat mir im Leben schon oft geholfen.

Seit 2004 schreibe ich über Volksläufe, den Blog laufenmit-frauschmitt.de wäre ohne sie nicht zustande gekommen. Auch nicht die Artikel in der Runner's World, die ich gelegentlich schreibe, nicht die Laufkolumne für die AOK Hessen und schon gar nicht das Buch.

Heute Morgen bin ich in Obertshausen-Hausen zum neunten Mal angetreten. Es war mein 200ster Volkslauf. Wenn ich gesund bleibe, werden noch viele weitere folgen.

Die Welt der Warmduscher.

Nie kann man so tief in die Läuferseele blicken wie vor und nach einem Volkslauf. In den Umkleideräumen zeigt sich die nackte Wahrheit. Denn Läufer offenbaren hier, wie sie wirklich sind.

Der Chronist

Über das Volkslaufen zu reden, ist in Umkleideräumen nichts Ungewöhnliches. Der Chronist hat jedoch eine Besonderheit. Er spricht nie über den gerade bevorstehenden oder den zurückliegenden Lauf, sondern ausschließlich über andere. Den letztes Jahr in Rom. Den nächste Woche im Harz. Den vor fünf Jahren in Borgholzhausen. Irgendwann berichtet der Chronist auch einmal, wie der aktuelle Lauf war. In zwei Jahren dann. In Köln.

Typischer Satz: „Der Rennsteig war eigentlich 2008 am schönsten."

Der Dr. House

In jedem Läufer schlummert ein genialer Diagnostiker. Dr.-House-Läufer haben ihn aufgeweckt. Berichtet ein Mitläufer in der Umkleide von einem Zipperlein, beginnt umgehend die Anamnese. Nach wenigen Minuten weiß der Dr.-House-Läufer, woran es liegt, wie lange es dauert und was zu tun ist. Trotz dieses umfassenden Wissens, ist Dr. House oft selbst mit Laufverletzungen geschlagen. Eben ganz wie das geniale TV-Vorbild.

Typischer Satz: „Ein stechender, bohrender Schmerz? Arthrose. Wie bei mir."

Der Abhängige

Wenn es unbedingt sein müsste, könnten die Abhängigen durchaus ein paar Wochen mal auf das Laufen verzichten. Aber niemals (!) auf ihren Fön. Sie tragen schlagbohrerartige Heißluftpuster praktisch immer bei sich. Um sie auch in jedem Fall in Betrieb nehmen zu können, wird eine Kabeltrommel (50 Meter Kabel), ebenfalls jederzeit mitgeführt. Die Liebe zum Haartrockner ist übrigens keinesfalls an die Haarlänge oder die Außentemperatur gebunden.

Typischer Satz: „Hat jemand Schaumfestiger?"

Der Verweigerer

Verweigerer sind schwer traumatisiert. Als Kind bekamen sie immer wieder den Turnbeutel geklaut, die muffigen Umkleiden des Schulsports haben sich tief in ihre zarten Seelen gegraben. Heute meiden sie diese Orte deshalb mehr als jedes Orthopädenwartezimmer. Nach dem Lauf ziehen sie eine Jacke über die schwitzigen Laufklamotten – fertig. Duschen wird ihrer Meinung nach sowieso überbewertet. Vor allem das Duschen in Gruppen.

Typischer Satz: „Ich stell mich schon mal bei der Bratwurst an."

Der Carreras

Für einen Carreras ist der Duschraum so etwas wie die

Arena von Verona. Deshalb genießt er ausgiebig ihre fantastische Akustik. Für Laien in der Umkleide nebenan hört es sich so an, als würde jemand in der Dusche herumbrüllen. Für den Carreras ist es jedoch eine einmalige Demonstration seiner Zwerchfellstütze. Ein Carreras bleibt selten allein, meist finden sich zwei weitere Tenöre dazu. Ein weiblicher Carreras heißt Callas.

Typischer Satz (in 90 Dezibel): „Ich versteh dich grad nicht, ich hab Shampoo im Ohr!"

Die Nebelbombe

Kein Zweifel: Nebelbomben sind reinlich. Sie duschen und cremen sich ein. Deshalb würden sie ihre Desodorierung auch niemals in die Hände eines Roll-ons legen. Nur ein Deospray macht schließlich richtig frisch. Am frischsten machen offensichtlich Sprays der Geruchsrichtungen Klostein, Iltis, Friedhofshalle oder Bettnässerblume. Auf feucht-warmen 10 qm können sich diese Düfte zwischen den 39 Umkleidenden ausgezeichnet entfalten.

Typischer Satz: „Pffffffffffffft. Pffffffffffft. Pffffffffft."

Der Akkurate

Die Sporttasche der Akkuraten gleicht einem Füllhorn der Volkslaufaccessoires. Startnummernband mit Klarsichthülle (falls es regnet), ein Kästchen mit Ersatz-Sicherheitsnadeln, Gels, Drinks, Ersatzschnürsenkel, Zweituhr – hier bleibt nichts dem Zufall überlassen. Die Akkuraten haben alles minutiös durchgeplant. Nach dem Lauf ziehen die Akkuraten ihre akkurat gebügelten Poloshirts und Jeans an und fahren zu den Schwiegereltern zum Essen.

Typischer Satz: „Der Verpflegungsstand kam meines Erachtens 200 Meter zu früh."

Der Pilzphobiker

Der beste Freund des Pilzphobikers ist der Badeschlappen. Denn nichts fürchtet er so sehr wie eine Umkleide al funghi. Während er angewidert auf die Füße seiner Mitläufer rechts und links von ihm schielt, legt er den Boden großflächig mit Plastiktüten und Handtüchern aus. Erst danach traut er sich, ihn zu betreten, mit Schlappen versteht sich. Vom Duschen sieht er lieber ab – aus hygienischen Gründen.

Typischer Satz: Aus Angst vor fliegenden Sporen sprechen Pilzphobiker in Umkleiden fast nie.

Der Kofferraum-Stripper

Kofferraum-Stripper trifft man niemals in einer Umkleide an. Sie sind erst dann glücklich, wenn während des Umkleidens der Wind leise durch das Brusthaar pfeift. Ihre Autos erkennt man daran, dass die Stoßstangen vollkommen mit Muskel-Fluid verkleckert sind. Denn sämtliche Vor-Volkslaufrituale finden am hinteren Teil des Wagens statt. Nach dem Lauf gibt's ein Weizenbier – frisch aus der Thermotasche im Kofferraum.

Typischer Satz: „Geht ihr schon mal vor, ich muss noch mal zum Auto."

Der Nach-mir-die-Sintflut-Typ

In der Regel sind Dusch- und Umkleideräume getrennt. Nicht für den Sintflut-Typ. Die Dusche verlässt er grundsätzlich triefend. Erst während er mit quietschenden Adiletten vor seiner Tasche in einer Pfütze auf und ab läuft, sucht er sein Handtuch und richtet dabei großflächiges Chaos an. Die Verwüstung seines Platzes krönt er durch das Auswringen seiner Haare auf den Boden und das versehentliche Untergraben fremder Socken.

Typischer Satz: „Ist das hier Ihre oder meine Unterhose?"

Im Tunnel.

Der durchschnittliche Marathonläufer verbringt einen Teil seines Trainingsjahres unter Tage. Er fährt in einen Schacht ein, etwa vier Wochen vor dem Tag, der ein besonderer werden wird. Danach ist alles Marathon. Essen, schlafen, Wochenenden – alles steht unter ein und demselben Zeichen. Sogar die Liebe. Zum Beispiel, wenn wir müde sind oder inmitten der vielversprechendsten Choreografie einen Wadenkrampf bekommen. Wir sind im Tunnel und sehen rechts und links nicht mehr viel. Kilometeranzeigen auf der Autobahn, das Wetter, wir sehen alles mit den Augen des Läufers. Ans Tageslicht kommen wir nicht etwa mit dem Zieleinlauf, sondern erst viele Stunden später. Manchmal dauert es sogar Tage, bis wir verstehen, dass wir angekommen sind. Um uns herum begreift das alles kein Mensch, nicht einmal wir selbst. Aber wunderbar ist es doch.

Am eigenwilligsten ist der Tag davor. Wenn wir auf Marathonmessen herumstreunen, Läuferbeutel ausleeren und in der Nähe des Startbereichs umhervagabundieren, ohne recht zu verstehen, was mit uns geschieht, offenbar vor Monaten geschehen sein muss. Wir haben uns wohl angemeldet, sonst wären wir heute nicht hier. Wir haben wohl trainiert, sonst würden wir nicht daran festhalten, starten zu wollen. Aber wollen wir denn? Ja, unbedingt, endlich! Nein, um Himmels willen! Mit Freude können wir die blaue Linie kaum betrachten, die man dort für uns aufgemalt hat, eher mit Bangen. Wann haben wir uns nur zuletzt so gefühlt – vor der Führerscheinprüfung? Wenn es nicht unser erster Marathon ist, ahnen wir, was auf uns zukommt. Wissen können wir es natürlich nie. Was wir wissen, ist: Es wird wehtun. Es tut immer weh. Aber irgendwann dann wird es sehr, sehr schön sein. Es ist immer schön. Nach dem Besuch beim Zahnarzt bekommen wir ein Eis. Oder besser: Während wir auf dem Zahnarztstuhl sitzen, bekommen wir ein Eis. Es ist ja immer alles gleichzeitig, oder doch zumindest sehr nahe beieinander.

Uns ist mulmig. Wenn wir eines der Kilometerschilder sehen, oder eine abgesperrte Straße. Allen ist mulmig. Die Mulmigen erkennt man an den umgehängten Läuferbeuteln. Wir kaufen etwas auf der Messe, irgendwas. Später werden wir nicht mehr recht wissen, warum wir gerade das gekauft haben. Im Tunnel ist alles anders.

Dann gehen wir nach Hause oder zurück in unser Hotel und legen Dinge von rechts nach links und wieder zurück. Wir befestigen Startnummern und lösen sie wieder, weil wir sie am falschen Kleidungsstück befestigt haben. Wir nehmen doch das andere. Oder? Wir installieren noch eine neue Wetter-App. Vielleicht sagt sie etwas anderes als das, was alle anderen Wetterberichte sagen, die wir schon kennen. Wir essen etwas und sehen Menschen, die morgen nicht laufen werden. Es ist eine andere Spezies, uns so fern wie der Mond. Sie wissen nicht, wie wir fühlen, ahnen nicht, dass wir schwere Beine haben und irgendein Symptom. Wir haben immer eines. Die Nase läuft. Gefühlt. Die Wade ist dicht. Das Knie in Aufruhr. Alles spricht dafür, dass wir morgen nicht in Form sind.

Wie wird es sein, morgen? Wie werden wir uns fühlen, morgen um die gleiche Zeit? Haha! Wir werden ... ja, wir werden ... endlich ein Bier trinken! Ach was, zwei, drei, vier Bier! Wir werden Riesensteaks essen oder irgendwas mit Speck und Bratkartoffeln! Viel Speck! Wir werden uns massieren lassen, in die Badewanne gehen, aufs Sofa legen, verwöhnen lassen! Wie schön wird das sein!

Das meiste davon werden wir natürlich nicht tun. Wir werden zu erschöpft sein, um uns zu betrinken, es wird uns viel zu beschwerlich vorkommen, in die Badewanne zu steigen. Unser Appetit hält sich auch meist in Grenzen. Wir werden noch eine Weile im Tunnel sitzen, bevor man draußen wieder mit uns rechnen kann. Denn das, was unterwegs mit uns passiert ist, müssen wir erst mal verarbeiten. Etwas Seltsames ist geschehen, wir wissen aber nicht, was.

Wir werden schließlich schlafen gehen, obwohl wir im Geist immer noch laufen, Kilometerschilder zählen, die Gesichter sehen, die uns angelacht und angefeuert haben, den Asphalt. Wir hören noch das Geräusch der zertretenen Pappbecher, das Tappeln der Schritte, die Trommler, die Tröten. Im Tunnel hallt alles noch lange nach. Sehr lange. Das, was wir heute gesehen, gedacht und gefühlt haben, begleitet uns – für immer.

Der mürrische Rücken.

Wenn Sportler nach ihrem sportlichen Auftritt interviewt werden, sagen sie immer, sie hätten alles gegeben. Das müssen sie auch, damit Kenner auf dem Sofa zu Hause entrüstet „Also, wenn das alles war!" sagen können. Sonst passt ja auch der Anschluss im Dialog nicht. Bei einem Langstreckenläufer ist das mit dem „Alles-geben" aber gar nicht so leicht. Denn er muss von Anfang an einschätzen können, was „alles" überhaupt bedeutet. Es ist, als wollte man sich ein neues Sofa kaufen, ohne zu wissen, was auf dem Konto ist. Klar, man hat gespart, es müsste also genug drauf sein für das schicke Designersofa. Und dann wird ja auch noch in Raten gezahlt – aber wie hoch darf die Rate sein, ohne dass man sich übernimmt? So einfach ist das nicht zu sagen. Und am Ende steht man da mit der Erkenntnis, dass man doch besser mal zu Sitbö von Ikea gegriffen hätte.

Als Hobby-Volksläuferin bin ich allerdings im Vorteil: Weder ein Sponsor, noch ein Veranstalter noch ein Fernsehzuschauer erwartet von mir, dass ich alles gebe. Welch ein ungeheures Glück, dass mir niemand eine fünfstellige Summe Antrittsgeld bezahlt! Nicht auszudenken! So kann ich jederzeit selbst bestimmen, ob ich heute volle Lotte alles gebe oder nur mittelalles oder vielleicht gar nur den kleinen Bruder von alles. Ich kann sogar dem Volkslauf die Tür vor der Nase zuschlagen und „Wir geben nix!" rufen. Dann bleibe ich einfach zu Hause im Bett. Aber es ist vertrackt: Immer, wenn ich irgendwo antrete, laufe ich ohne Not um mein Leben und fühle mich danach gelegentlich wie ein alter Lappen. Ein sehr alter

Lappen. So ging es mir zum Beispiel letzte Woche in Nidderau-Eichen. Ich bin also eben gerade so von der Lappigkeit genesen. Dieses Mal mache ich es deshalb anders.

Zum Anders-machen fahren wir eigens ins Weiltal, wo heute nicht nur der „Weiltalweg Landschaftsmarathon" stattfindet, sondern auch der „Weiltalweg Landschaftshalbmarathon und noch ein Kilometer drauf", abgekürzt: 22-km-Lauf. Vor Jahren bin ich hier mal den Marathon gelaufen und weiß, dass es sich dabei eigentlich um Naherholung mit eingebautem Wettkampf handelt. Es dürfte schwierig werden, im Weiltal eine Strecke zu finden, die nicht schön und beschaulich ist. Und wellig. Denn auf und ab geht es allerdings, aber das ist im Leben ja nicht anders und deshalb vertraut. Wer hier beim 22-km-Lauf antreten will, fährt nach Weilburg zum Ziel und lässt sich danach in einem Bus zum Start nach Emmershausen schaukeln. Ein Hauch von Abenteuer.

Am Start warten ein granulierter Platz und Teilnehmer-T-Shirts in einer gewagten Farbe mit gefühlten 72 Sponsoren-Logo-Aufdrucken auf mehrere Hundert Läufer, die ihre mitgebrachten Taschen in schwarze Müllsäcke stopfen und hoffen dass sich dabei der Rest in der Trinkflasche nicht ins Mobiltelefon übergibt. Die Müllsäcke müssen nicht laufen, sie werden zum Ziel gefahren. Womit klar ist, woher die Bezeichnung „fauler Sack" rührt. Die Säcke haben gegenüber den Läufern noch einen Vorteil: Sie müssen nicht aufs Klo. Wer das hier muss, sollte eine leistungsfähige Blase mitbringen, die in der Lage ist, der Wartezeit in einer längeren Schlange zu trotzen. Das ein oder andere Häuschen mehr wäre schön gewesen. Oder wenn schon nicht schön, so doch wenigstens nützlich. Für weitere Kritikpunkte an der Organisation muss man allerdings lange suchen und dafür haben Volksläufer keine Zeit. Sie haben es schließlich eilig. Warum eigentlich? Wir haben am Start noch keine befriedigende Antwort auf diese Frage gefunden und deshalb lassen wir es langsam angehen.

Auf dem ersten Kilometer muss man das ohnehin, denn die Strecke ist schmal und die Teilnehmerzahl verhältnismäßig reichlich. No need for speed. Es wird ein wenig geplaudert, es scheint, als hätten auch die Läufer um uns herum den Schwerpunkt auf Naherholung gelegt. Gleich zu Beginn kommen ein paar Steigungen und als Pulsuhr-Neuling beobachte ich dabei ganz gebannt, was sich auf meinem Handgelenk so tut. Ich habe ja den Vergleich zu dem Alter-Lappen-Lauf letzte Woche und bin gleich begeistert. Der Puls ist deutlich niedriger und ich fühle mich viel wohler. Die Zeit der ersten Kilometer herauszubekommen, ist gar nicht so einfach, weil wir der Beschilderung vom Marathon folgen. Bald nach dem Start kommen wir am Schild für Kilometer 21 vorbei. Das verwirrt mich bereits so, dass ich mich immer wieder in intensiver Denktätigkeit wiederfinde. Und ehe ich begriffen habe, wo ich bin und wie weit ich noch laufen muss, ist schon wieder ein Kilometer vorbei und ich fange von vorne an zu überlegen. Entsprechend wirr ist der Dialog, den ich unterwegs mit meinem Trainingspartner führe. Doch tatsächlich, wir plaudern. Luft genug haben wir. Irgendwann sind wir uns sicher, dass wir einen handelsüblichen 6er-Schnitt laufen, die Mutter aller Freizeitläufer-Geschwindigkeiten. Es ist ein tolles Tempo. Auch mittelbegabte, mittelalte Herrschaften in diesem

Tempo Marathon laufen, wenn sie ordentlich trainieren. Wenn sie miserabel trainieren, können sie damit einen 10er laufen. Und wenn sie ein klitzekleines bisschen trainieren, so wie ich, dann reicht es auch für einen Halbmarathon. Wenn man einen guten Tag erwischt, kann man dabei sogar noch das ein oder andere Schlüsselblümchen mit Namen begrüßen. Und das machen wir dann auch.

Von A nach B laufen, das ist ein anderes Gefühl, als einen Rundkurs unter die Füße zu nehmen. Beim Rundkurs kommt irgendwann der Moment, bei dem man „Ab jetzt geht's wieder nach Hause" sagen kann. Das ist schön. Beim A-nach-B-laufen spürt man das Vorwärtskommen, man lässt Dörfer, Waldabschnitte, Felder hinter sich. Man wird ein laufender Vagabund. Das ist noch schöner. Zumindest, wenn die Sonne scheint, bei etwa 12 Grad, so wie jetzt. Ab und zu begleitet uns ein Fluss auf unserem Weg, ich nehme an, dass es sich um die Weil handelt. Fluss, Wald und Feld – das ist Laufen royal.

Wir warten laufend auf den ersten Marathonläufer, der nun bald an uns vorbeischießen sollte, aber zunächst einmal kommt der erste Staffelläufer. Er macht einen knusprigen und gleichzeitig fluffigen Eindruck. Ich mag es, wenn man unterwegs andere Wettbewerbe geboten bekommt und Flatterhöschen an einem vorbei sausen. Das Auge läuft ja mit. Und unterhaltsam ist es allemal. Wir zuckeln unaufhaltsam und stetig vorwärts. Ein Interregio mit Halt an allen Stationen. Man wird doch ein Becherchen Wasser nicht ausschlagen, wenn es einem so nett angeboten wird! Die ICEs können die Stationen ruhig ohne Halt passieren – wir fahren mit quietschenden Bremsen in

die Bahnhöfe ein und fauchen ein wenig nach, wie die Lokomotive Emma bei Jim Knopf. So halten es auch zwei weitere
Läufer, die immer vor uns laufen und uns doch oft überholen.
Das liegt daran, dass sie bei den Getränkestationen scheinbar
ausgiebige Picknicks einlegen. Wir lassen uns schon mächtig
Zeit, aber das ist nichts gegen die beiden. Um ihre Pause später
wieder aufzuholen, heizen sie regelmäßig an uns vorbei, um
dann wieder abzubremsen und in unserer Sichtweite weiterzu-
laufen. Ein wenig stressig wirkt das schon. Aber natürlich ist
auch das ein hervorragendes Unterhaltungsprogramm.

Zu Beginn hat sich der männliche der beiden Läufer (der
andere ist eine Dame) ein paar Mal umgedreht und dabei
einen mürrischen Blick in das Feld abgesondert. Je länger der
Lauf dauert und ich ihn vor mir sehe, desto mehr habe ich
das Gefühl, sein ganzer Rücken ist mürrisch. Seine offene
Jacke pendelt missmutig hin und her, die Schultern hängen
und scheinen gleichgültig gegen die Strecke anzuarbeiten.
Dieser Rücken findet den Lauf irgendwie doof. Der seiner
Freundin macht dagegen einen recht optimistischen Eindruck.
Er hüpft freundlich neben der verdrossenen Jacke auf und
ab. Mit dieser kleinen Läuferrückentypologie kann man sich
gut und gerne zwei Kilometer beschäftigen, bevor dann doch
der erste Marathonläufer an uns vorbeizieht – mit einem auf-
rechten Rücken, der über jede Typisierung vollkommen erhaben ist. Auf seinen Verfolger müssen wir lange warten. Wir
wissen: Der erste ist uneinholbar, wenn nicht etwas Unvorher-
sehbares passiert. Ob er es auch weiß? Irgendwann läuft ein
weiterer Marathonläufer an uns vorbei, der eine weiße Kappe
trägt, das Schild nach hinten gedreht. Ich frage mich, wann ich

je wieder eine weiße, nach hinten gedrehte Mütze sehen kann, ohne an den Attentäter vom Boston Marathon zu denken. Aber nun denke ich nicht weiter, ich laufe hier, im 6er-Schnitt und selten war das so schön, so einfach und befreit wie heute.

Zuschauer gibt es an der ganzen Strecke wenige, aber das fehlt hier nicht. In einem Vorgärtchen steht eine alte lächelnde Dame und ruft „Hopp, hopp, hopp" und so doof ich diese Anfeuerung gelegentlich finde – diese Dame darf das. Es ist erkennbar freundlich und anerkennend gemeint. Irgendwo bei Weilmünster findet sich ein wahres Stimmungsnest von mindestens 10 Zuschauern. Möglicherweise handelt es sich um Patienten der angrenzenden Klinik für Psychotherapie, die sich hier ein wirksames Rezept gegen Depressionen abholen. Aus der ebenfalls anliegenden Klinik für Stimm- und Spracherkrankungen stammen sie schon mal nicht, denn sie feuern rufend an.

Der letzte kleine Bahnhof naht, wir als Interregio rollen ein. Wir könnten jetzt eine Cola trinken. Nur einen kleinen Becher. Das könnte uns beflügeln, obwohl wir doch zu Fuß und nicht auf Schwingen unterwegs sind. Wir probieren es. Schiefgehen kann nichts, es sind noch etwa vier Kilometer. Gegen Ende, das wissen wir noch vom Marathon, kommen keine Steigungen mehr, der sandige Weg wird zu Asphalt. Der mürrische Rücken überholt uns wieder im Eiltempo. Plötzlich sagt eine Stimme von irgendwoher: „Hol ihn dir. Den kriegst du." Ich sehe meinen Trainingspartner an, aber der hat nicht gesprochen. Ich ignoriere die Stimme. Heute bin ich gemütlich unterwegs, kein Alter-Lappen-Lauf. Mein Puls ist ein Läufer-Traum, irgendwo zwischen 80 und 85 %. Das könnte so bleiben, bis ins Ziel. Tappeln. In die Sonne blinzeln. Landschaft. Und dann, es sind kaum noch zwei Kilometer bis zum Ziel, taucht plötzlich noch einmal eine Verpflegungsstation mit Wasser auf. In meiner Eigenschaft als Emma, die Lokomotive, dampfe ich zwar etwas, aber dieser Bahnhof wird nicht mehr angefahren. Jim Knopf neben mir sieht das genauso. Der mürrische und der optimistische Rücken stoppen vor uns. In mir werden jetzt große Mengen eines Volkslauftransmitters ausgeschüttet, der alle Prozesse vollautomatisch in Gang setzt. Wir können nicht anders. Wir geben Gas. Wir hören noch, wie die Rücken wieder starten, aber wer hat schon Chancen gegen einen ICE? Auf den letzten anderthalb Kilometern packen wir aus, was wir noch haben und das ist gar nicht mal so wenig. Der 6er-Schnitt zerfällt. Kurz vor dem Ziel ist der Puls bei 95 %. Da soll noch einer sagen, ich hätte nicht alles gegeben.

Hernach liegen wir erst ein bisschen herum und baden in Apfelschorle, dann holen wir unsere faulen Säcke ab und nutzen die überaus komfortable Möglichkeit, uns bezeltet umzuziehen. Anschließend sichten wir das üppige kulinarische Angebot, das sogar Nudelgerichte einschließt, und entscheiden uns dann doch für Kuchen. Damit das Glück komplett ist. In den Stunden danach fühle ich mich schlimmstenfalls wie ein junger Lappen. Die Laufzeit von knapp 2:11 ist im Verhältnis besser als die vom Lauf letzte Woche, der zwar etwas anspruchsvoller war – aber wie groß ist der Unterschied im Wohlbefinden! Man darf eben nie zu früh alles geben. Gut Ding will Weiltal haben.

Gibt's hier was zu feiern?

Jedes Jahr im Mai wachen Millionen Menschen eines donnerstags morgens auf und wissen nicht, warum sie heute nicht zur Arbeit gehen müssen. Sie wissen nur, dass Fronleichnam ist, haben aber keine Ahnung, was das bedeutet. Ich möchte es deshalb an dieser Stelle noch einmal kurz skizzieren, warum wir diesen Feiertag begehen. Vor Jahrtausenden von Jahren wurde ein Ehemann als Strafe und Frondienst für eheliches Fehlverhalten von der Gattin mehrfach um den Block gejagt. Was besonders erstaunlich ist, wenn man bedenkt, dass es damals noch keine Blocks gab.

Anders als heute gab es damals aber Frühling und deshalb begann der Gatte während des Laufens stark zu transpirieren und entwickelte daher den für viele Läufer typischen Verwesungsgeruch. Leich und Leich gesellt sich ja bekanntlich gern und deshalb wurde der Läufer alsbald von vielen weiteren Läufern begleitet. Es entstand ein Menschenauflauf, der aber nicht überbacken wurde, sondern sich zu einem Volkslauf auswuchs. Damit fortan an diesem Tag allerorts Volksläufe stattfinden können, erfand man den Feiertag Fronleichnam, den Tag der büßenden, streng riechenden Männer. Wie viele Traditionen ist auch diese inzwischen aufgebrochen, nur noch selten nimmt man den Feiertagsgeruch wahr und auch Frauen sind heute Teilnehmerinnen bei Volksläufen.

Ich trete heute in Bonames an, zum 287ten Mal. Etwa. Dabei habe ich tags zuvor bis zur Fahruntüchtigkeit getrunken, möglicherweise sogar darüber hinaus. Erfahrungsgemäß führt das zur Laufuntüchtigkeit, erstaunlicherweise allerdings mit einem Tag Verzögerung. Wenn man dergleichen verspürt, kann man zu Hause im Bett bleiben und sich kühle Kompressen anreichen lassen, man kann aber auch aufstehen und so tun, als wär nichts. Ich entscheide mich für Letzteres. Die Veranstaltungsörtlichkeit in Bonames ist etwas verwirrend, bis heute habe ich noch nicht begriffen, was an den dargebotenen Immobilien zu einer Schule, einer Sporthalle und/oder einem Vereinsheim gehört. Um die Verwirrung komplett zu machen, ist in der Ausschreibung auch noch vom „Haus Nidda" die Rede. Und wieder hat man alle Optionen: Man kann darüber nachdenken, muss es aber nicht. Man kann auch einfach stumpf da reingehen, wo alle reingehen und sich umziehen. Die Umkleideräume sind erfrischend schmutzig und stammen noch aus der Zeit, als der erste Fronleichnamsläufer aufbrach, das spricht dafür, dass es sich um Schulumkleiden handelt.

Wir lungern unmotiviert herum, das macht man hier so, denn man überbrückt die Zeit, bis man zum Start trabt, der ein wenig entfernt an den Gleisen des ÖPNV liegt. Mit dem ÖPNV ist natürlich auch in Frankfurt der öffentliche Personennahverkehr gemeint, in Abgrenzung zum ÖGNV, dem öffentlichen Güternahverkehr, den es gar nicht gibt. Aber so viel Zeit muss sein. Ich habe mir auch angewöhnt, zu sagen: „Ich nehme den NÖPNV" (den nicht öffentlichen Personennahverkehr), wenn ich sagen will, dass ich mit dem Fahrrad komme. Man muss sich rechtzeitig an diese Sprache gewöhnen, sonst versteht man ja die Welt nicht mehr. Wir traben also zu den Gleisen des ÖPNV.

Dort wartet schon der Warmmacher, ein reizender Herr mit Megafonausstattung, der traditionell ein paar Gymnastikübungen mit den Laufwilligen veranstaltet. Anders als seine Gefährtinnen der „City-Events", die immer ein pinkfarbenes T-Shirt mit 72 Sponsoren-Logos und eine weiße Schirmmütze tragen und bei ihren Übungen von als Musik getarnten Flatulenzgeräuschen begleitet werden, die man sonst nur von peinigenden Aufenthalten an Ampeln neben einem Nissan GT-R kennt, kommt der Warmmacher recht pur daher. Seine Übungen sind auch keine Zumba-Core-Acitivate-Fatburner, sondern mehr so Warmmacherdinger. Arme kreisen. Auf der Stelle hüpfen. Das verstehe sogar ich.

Jetzt sind wir also warm. Und das im Mai! Krass. Also laufen wir los. Die grammatikalisch zweifelhafte Frage „was" wir denn nun laufen wollen, haben wir uns vorher nicht erschöpfend beantwortet. (Auf die Frage „Was willstn du laufen?" muss auf jeden Fall eine Zahl kommen. Entweder die der Distanz, aber das ist in diesem Fall klar, oder die des Kilometerschnitts oder die der angepeilten Endzeit. Läufer fragen nicht „wie schnell", sie fragen „was". Dies nur als kleine Anmerkung für Nichtläufer.)

Die Strecke in Bonames (sowohl die 10er-, als auch die 15er-Strecke) ist ideal für die augenblickliche Wetterlage. Sollte es zu einem plötzlichen und unerwarteten Sonneneinbruch kommen, sind wir die ersten, die es bemerken. Die Strecke ist weitgehend schattenlos. Andererseits ist der Untergrund fast ausschließlich Asphalt, das bedeutet, man muss nicht durch Sümpfe waten, wie andernorts. Erstaunlicherweise ist auch die Nidda, das Flüsschen, das die Strecke teilweise säumt, nicht über die Ufer getreten, auch von dieser Seite droht kein Ungemach. Die meiste Zeit läuft das Feld durch das Feld, was eigenwillig klingt, Volksläufern aber abermals ganz natürlich vorkommt. Wir laufen heute 15 Kilometer. Weil es so schön ist. Diese Einschätzung teilen wir mit etwa 100 anderen. Warum hier in Innenstadtnähe (ÖPNV …) zu einer moderaten Startzeit (9:45 Uhr) bei besten Laufbedingungen (12 Grad) nicht mindestens die zehnfache Menge Läufer am Start steht, während sich die Menschheit bei den fiesesten Events beinahe tottrampelt, will mir nicht einleuchten. Aber es soll mir recht sein. So bleibt mehr Kuchen für uns. Aber halt, wir müssen ja erst laufen. Wo war ich? Richtig, auf der Strecke. Die verläuft so: Man läuft nördlich der Nidda nach Bad Vilbel, stellt fest, dass es dort nichts gibt, weshalb es sich zu bleiben lohnt, und läuft deshalb südlich der Nidda wieder zurück.

In froher und voreiliger Erwartung des Ziels nehmen wir den ersten Kilometer gleich ein bisschen zu schnell. Aber man muss sich ja erst Mal freilaufen. Nachdem wir nun also frei sind, können wir uns einpegeln. 5:30/km ist zu schnell, 5:50/km zu langsam, so irgendwo dazwischen wäre ganz hübsch. Das entspräche etwa der feuchten Kompresse gegen die Abbauprodukte des Vorabends. Wir laufen so vor uns hin, kommentieren gelegentlich Flora und Fauna in silbensparender Kommunikation und sind zufrieden. Vor uns läuft eine Gruppe gelber T-Shirts, auf denen steht, dass man eigentlich nur zum Bäcker wollte. Och jo. Nach einer Weile nähert sich von hinten ein Schwerschrittindianer. Anders als man vermuten könnte, sind Schwerschrittindianer meist keine übergewichtigen Läufer. Im Gegenteil – Läufer mit ordentlichem Bauch und breitem Kreuz laufen oft wie ein Marshmallow auf dem Trampolin. Hagere Gesellen könnten dagegen oft mühelos Galopper des Jahres werden, ihre Schritte sind weithin hörbar. Der berühmteste Schwerschrittindianer ist der Leibhaftige, ein Läufer mit stark asymmetrischem Laufstil. Dumpf klock, dumpf klock … Wenn er hinter einem her ist, ruft man im Geiste automatisch sein Sündenregister ab. Man weiß ja nie. Der Schwerschrittindianer nähert sich und damit der spannende Moment, wenn man den Menschen zum Schritt zu Gesicht bekommt. Er überholt uns und ist in der Tat von ziemlich durchschnittlichem Gewicht. Aber ist er wirklich schneller als wir? Wir behalten das im Auge. Den ersten Getränkestand haben wir ignoriert, aber beim zweiten, etwa auf der Hälfte der Strecke, nehmen wir mal ein Schlückchen. Schaden kann das nicht.

Außer der netten Verpflegung sorgt auch ein „Stimmungsnest" für menschliche Wärme. Ich habe mir vorgenommen, das Wort „Stimmungsnest" künftig in jedem Laufbericht unterzubringen. Es gehört mit Abstand zu den dämlichsten Worten, die mir bekannt sind und Abneigung muss man ja pflegen. Im Stimmungsnest lag wohl nur ein einziges Ei, aus dem eine liebreizende Dame geschlüpft ist, die mit einem wahren Anfeuerungsorchester mühelos fünf Personen ersetzt. Es ist die einzige Anfeuerungsstation an der ganzen Strecke – aber wer braucht weitere, solange es eine solche gibt?

Vor uns laufen noch immer die Brötchengruppe und der Schwerschrittindianer in Sichtweite, das ist gut. Ich laufe das erste Mal mit einer ordentlichen GPS-Uhr, die mir ungefragt die Zwischenzeiten zuraunt, wenn ich draufgucke, und ich raune sie meinem Trainingspartner neben mir weiter. So wissen wir, dass wir voll im Soll sind, das wir gar nicht haben. Nun läuft eine rosa Hose vor uns. Hat man ja jetzt. Farbige Hosen. Und man kann ja auch ruhig mal was anderes sehen als grün. Die Felder sind grün, die Bäume sind grün, die Rasenflächen sind grün, die Nidda ist … naja, mehr so braun. Hochwasserbraun. Trotzdem ist es Zeit, die rosa Hose zu überholen. Das findet die rosa Hose überhaupt nicht. Sie zieht an, als wir etwa auf gleicher Höhe sind. Dann halt nicht. So ist das eben im ÖPLV, dem öffentlichen Personenlaufverkehr. Dann trinken wir eben was. Prost. Derweil stechen andere Läufer an uns vorbei und ihre Rücken rufen uns zu: „Lasst euch nicht demoralisieren! Wir sind 10er-Läufer, wir müssen ja schneller sein!" Ach so. Erfrischt und erfroscht (Quak! Wo sitzt denn hier die Amphibie?) laufen wir weiter.

Es ist jetzt nur noch eine Handvoll Kilometerchen. Und wir haben eine Mission. Mithilfe einer zarten Beschleunigung, die aus dem Turbo der rechten Hinterbacke stammt, nehmen und passieren wir den Schwerschrittläufer, die rosa Hose und zwei der Brötchenholer. Dafür brauchen wir 5:30/km, aber die haben wir auch noch im Gepäck. Auf dem letzten Kilometer quälen wir uns ein wenig, weil es eine zackige Serpentinensteigung gibt, aber nicht sehr. Qual light, würde ich sagen. Die Serpentinen sind nicht schlimmer als der Tee, den es im Ziel gibt: ungezuckerten Hagebuttentee. Das ist ebenso gesund wie furchtbar, zwei Eigenschaften, die einem ja oft als zwei Seiten derselben Medaille begegnen. Wir trinken den Tee heldenhaft.

Wir wissen ja auch, was außerdem auf uns wartet. Der beste Streuselkuchen aller Volksläufe der Region. Und eine halbe Wildschweinbratwurst zum Nachtisch. Zu deren Würze furze ich mir mit einer blähungsgeplagten Plastik-Senfflasche ein fantasievolles Muster auf die Hose. Die hat man ja jetzt ohnehin bunt. Bei alledem regnet es nicht eine einzige Minute. So müssen Volksläufe sein. Und Feiertage.

Liegt Ostheim nicht im Westen?

Ich weiß immer noch nicht, wer Ralf Pagels ist. Oder war. Und das, obwohl ich schon zum wiederholten Male beim Ralf-Pagels-Gedächtnislauf antrete. Nun könnte ich ja einfach jemanden fragen. Aber das wäre irgendwie langweilig. Stattdessen arbeite ich lieber verdeckt investigativ. Bereits früher habe ich herausgefunden, dass es sich um keinen Wasserbettenverkäufer handelt. Jetzt habe ich eine neue Spur. Sie führt über den Streckenplan des Halbmarathons in Nidderau-Eichen, der nach Ralf Pagels benannt ist. Ein schwarzer Pfeil im Südwesten der Strecke führt ins Nichts. Ich halte es für wahrscheinlich, dass es sich bei Ralf Pagels um einen Läufer handelt, der einst bei einem früheren Halbmarathon diesem Pfeil folgte und danach verschollen blieb. Eine Passantin in Ostheim glaubte, ihn dort noch einmal gesehen zu haben, aber danach verliert sich jede Spur. So muss es gewesen sein.

Da ich dieses Rätsel nun also gelöst habe, kann ich mich im nächsten Jahr darum kümmern, wer unter den beiden Hügelgräbern an der Strecke liegt und warum „Dicke Steine" in der Karte eingezeichnet sind, nicht aber „Große Bäume", „Altes Laub" oder „Ungenießbare Pilze".

In Nidderau-Eichen gibt es zwei Volksläufe, die von unterschiedlichen Veranstaltern ausgerichtet werden und natürlich unterschiedliche Streckenverläufe haben. Für einen Ort mit 2.000 Einwohnern ist das beachtlich. Zumal es noch im Jahr 1587 dort gerade mal 73 Einwohner gab und zwar 48 Schützen und 25 Spießer, wie Wikipedia weiß. Zu meinem Bedauern steht nicht da, wie sich die Aufteilung von Schützen und Spießern heute verhält. In diesem Jahr fällt der zweite, der sommerliche Nidderauer Volkslauf leider aus, ich muss also heute hier antreten, sonst wird es ein Laufjahr ganz ohne Nidderau-Eichen und das wäre nicht schön.

Im Bereich des Parkplatzes zum Sportgelände begrüßt uns ein Plakat des „Zauncentrums" Maintal-Bischofsheim. Ich habe es vor Jahren hier schon gesehen, möglicherweise ist es ja ein historisches Plakat aus dem Jahr 1587. Im „Zauncentrum" wird man von einem illustrierten Mann mit gelben Hosen und starkem Dialekt bedient. Es könnte sich also lohnen, dort mal vorbeizuschauen.

An diesem Wochenende ist ja wieder einmal der Frühling angekündigt, der wohl im letzten Jahr ebenfalls dem Pfeil nach Ostheim gefolgt ist und deshalb auch lange verschollen blieb. Nun soll er also den Weg zurückgefunden haben. Als wir uns zum Lauf anmelden, ist er scheinbar noch unterwegs, denn es ist empfindlich kalt. Dabei bin ich heute wild entschlossen, mit einer ¾-Hose zu laufen, komme, was da wolle. Dabei sind ¾ -Hosen nicht einmal schön, aber für eine kurze reicht mein Mut dann doch nicht. Der reicht nicht einmal für die geplante Kombi aus langem und kurzem Shirt. Eine Weste muss her, es ist zu kalt.

Die Umkleide ist dafür schön warm. Mitten im Raum steht eine ehemals weiße Notfall-Liege, auf der sicher schon zahlreiche Schützen und Spießer nach dem Schießen und Spießen behandelt worden sind. Das schafft Vertrauen. Die

Laufschuh-Mülleimer-Installation früherer Jahre wurde dagegen inzwischen vermutlich an wohlhabende Kunstliebhaber verkauft. Es sei dem Veranstalter TV Windecken gegönnt. Wir laufen uns ein wenig ein. Hier kann man das besonders gut, denn der Wald ist vor unserer Nase und bietet eine putzige Runde an, auf der man nicht einmal wenden muss. Es bleibt kalt, die Weste ist richtig. Und der Start lässt noch auf sich warten. Als Übersprungshandlung kaufe ich ein paar „Verzehrbons" für später. In Nidderau hat man dafür eine richtige Registrierkasse. Hightech.

Schließlich stellen wir uns doch zum Start auf. Das Feld bleibt familiär, wie sich später herausstellt, treten gerade einmal 122 Läufer im Geiste von Ralf Pagels an. Hinzu kommen noch einmal insgesamt etwa 200 Läufer beim 5- und 10-km-Lauf. Der Kuchen wird für alle reichen, man könnte es also langsam angehen lassen. Von den 122 Läufern tragen etwa 100 neue Schuhe. Gefühlt. Zum Saisonstart haben sich scheinbar viele ein paar neue Schlappen gegönnt. So auch ich. Ich trage meine geliebten Brooks Ghost, es wird ihr zweiter Lauf. Ich vertraue fest darauf, dass das in Ordnung geht. Start.

Im Nidderauer Wald muss es viele Taranteln geben. Das wäre zumindest eine Erklärung, dafür, dass alle wie frisch gebissen losschießen. Auch mein Trainingspartner schlägt einen optimistischen Schritt an. Ich versuche, nicht mitzuhalten, denn ich weiß, dass die Strecke schwierig ist und einige Steigungen parat hält. Das erste Mal in meinem Leben laufe ich einen Wettkampf mit Pulsuhr. Ich bin nicht sicher, was es mir nutzt, aber ich probiere das mal. Gleich zu Beginn bin ich bei 90 % meiner maximalen Herzfrequenz. Nach einem Triumphlauf klingt das nicht. Und es fühlt sich auch nicht so an. Aber man soll ja nicht zu früh die Flinte in den Wald werfen, wie schon die Nidderauer Schützen gesagt haben. Man soll einfach laufen, als wär nichts. Das kleine Feld zieht sich sofort auseinander. Ganz weit vorne sehe ich gelegentlich etwas Hellblaues auf und ab ruckeln. Ich kann nicht einmal sagen, ob sich das Dings im Hellblauen das Hellblaue in der Kabine links (Mädchen) oder rechts (Jungs) übergestreift hat. So weit sind also die Entfernungen. Ich laufe mit meinem Trainingspartner zusammen, so leide ich zumindest nicht allein. Außerdem ist mir vor der Abzweigung nach Ostheim ein wenig bange.

Es stellt sich dann aber doch heraus, dass die Wegmarkierungen, anders als die Karte vermuten lässt, geradezu vorbildlich sind. Es ist alles mit Sägemehl abgestreut, Wegkreuzungen oft zusätzlich mit Absperrbändern gesichert. Voraussichtlich werde ich nicht im Wald verloren gehen. Ich bin sehr froh darüber und das, obwohl der Nidderauer Wald wirklich ungeheuer schön ist. Der deutsche Forst neigt ja zu einer gewissen Schneisigkeit – die Wege sind breit wie Autobahnen und alle Abzweigungen ordentlich im rechten Winkel hineingesägt. In Nidderau gibt es aber schmale, sich schlängelnde Wege mit wunderschönen Kurven, durch die man hindurchschießen kann, wenn man die Begegnung mit den Nidderauer Taranteln gemacht hat. Sicher werden die Taranteln auch auf den Tafeln „Tiere des Waldes" vorgestellt, die hier überall angebracht sind und zum Projekt „Lernort

Wald" gehören. So weiß man immer gleich, welches Tier einen hier anfallen könnte. Die Waldohreule oder der Große Abendsegler zum Beispiel, vorausgesetzt, man ist sehr lange unterwegs. Und gerade das zeichnet sich jetzt ab. Mein Puls ist weiterhin in ungesunden Höhen und mir ist nicht so richtig wohl. Alle fünf Kilometer gibt es Wasser und ich greife jedes Mal zu. Man kann trinken und ein paar Schritte gehen. Vor allem das Gehen tut not. Heute ist nicht mein Tag.

Die neuen Schuhe schlagen sich wacker und werden in einer Schlammpassage auch richtig eingeweiht. Ein neuer Schuh braucht so was. Mit Nidderauer Waldschlamm ist man würdig getauft. Aber so boingboing der Schuh auch ist, ich bin es nicht. Vielleicht fehlt mir auch einfach etwas Zucker, diese vermaledeiten Nachmittagsläufe aber auch! Nie kriege ich das mit dem Essensrhythmus richtig hin. Morgens ist das so einfach! Banane oder Riegel eine Stunde vorher – fertig. Jetzt hat sich zwar der Puls etwas beruhigt (was mich wiederum beruhigt), aber wenn ich sehr nach unten schaue, habe ich das Gefühl, dass mir flau wird. Was ist das bloß? Jedenfalls etwas Unbekanntes. Ich muss sehen, dass ich nach Hause komme. Als wir zum zweiten Mal an der Tafel mit den Tagfaltern vorbeikommen, weiß ich immerhin, dass ich auf dem besten Weg bin. Und dennoch, die letzten fünf Kilometer werden sehr hart. Immer wieder gibt es Steigungen, nie kann man sich ausruhen. Und es gibt keine anderen Läufer, weit und breit nicht. Irgendwann haben uns zwei Menschen überholt, das war's. Nur das Hellblaue hüpft noch ab und zu in weiter Ferne auf und ab. Das Einzige, was mich jetzt von meiner Pein ablenken kann, sind die hübschen Vogelkästen, die im Nidderauer Wald

Hausnummern haben. Das liegt daran, dass die wenigsten Vögel hier bereits über einen Internetanschluss verfügen und deshalb in Ermangelung von E-Mails auf die Zustellung der Nachrichten per Post angewiesen sind. Ich halte also Ausschau nach einem Pirol, der hier vermutlich wegen seines gelben Gefieders im Postdienst tätig ist und das lenkt mich etwas ab. Leider nur kurz, dann quäle ich mich wieder. Das flaue Gefühl macht mir Sorgen. Ist das Kreislauf? Seit wann hab ich Kreislauf! Wo liegt eigentlich Ostheim? Hat man die Hügelgräber vielleicht für mich ausgehoben? Und ist das hier schon der dazugehörige Hügel? Wird das „Zauncentrum" für meine Grabeinfassung sorgen? Es geht mir wirklich nicht gut.

Auf der letzten Rille erreiche ich das Ziel. Ziemlich genau 2:05:57. Ich bin hier schon mal 1:52 gelaufen. Weh mir. Ich trinke kräftig und der gezuckerte Tee tut gut. Lange kann ich mich hier aber nicht aufhalten, denn das Ziel ist ein gutes Stück von der Umkleide entfernt. Auch wenn es mich unterwegs nicht dahin gerafft hat – hier würde ich mir eine Blitzlungenentzündung holen und sofort das Zeitliche segnen. Mit etwas Glück würde der Lauf dann vielleicht in Heidi-Schmitt-Gedächtnislauf umbenannt, aber das ist mir die Sache nicht wert. So schnell ich noch in der Lage bin, trabe ich zur Umkleide und widerstehe dort der Versuchung, mich auf die historische Schützenliege zu werfen. Ich habe schließlich Verzehrbons.

Bei der anschließenden Siegerehrung zeigt sich, wie geschickt wir unseren heutigen Volkslauf ausgewählt haben –

wir werden beide Dritte unserer Altersklasse. Damit habe ich noch sagenhafte drei andere hochbetage Damen meiner Kategorie abgehängt. Man soll ja nicht undankbar sein. Alte Nidderauer Schießer- und Spießer-Regel.

Die Hesse komme!

Macht sich ein Läufer auf eine sogenannte krumme Strecke, heißt das nicht, dass es dort vor Biegungen nur so wimmelt. Es bedeutet vielmehr, dass die Streckenlänge nicht hübsch auf eine glatte Zahl aufgerundet wurde, sondern einfach endet, wo sie endet. Langstreckenläufer haben ein Herz für krumme Strecken, schließlich ist schon der Marathon mit 42,195 km eine ziemlich behämmerte Streckenlänge, die man lieb gewonnen hat. Den Arque-Lauf kann man ebenfalls nur lieb haben und das nicht nur, weil er 34,631 km lang ist. Aber von vorn.

Es ist rätselhaft, warum sich noch kein einziger Laufbericht zum Arque-Lauf in meinem Blog findet, denn er ist wichtig. Für die Laufregion Rhein-Main, für seinen Sinn und Zweck und auch für mich. Im Jahr 1999 lief ich ihn zum ersten Mal. Damals war er noch 31 km und ein paar zerquetschte Meter lang, wenn ich mich recht erinnere. Meine Lauferfahrung währte kaum mehr als ein halbes Jahr, nie zuvor war ich so weit gelaufen. Aber im Jahr 2000, das hatte ich mir vorgenommen, wollte ich Marathon laufen und der Arque-Lauf schien mir geeignet, zu testen, ob das nicht alles grober Unfug war, was ich da wollte. Würde ich allerdings 31 km überleben, da war ich mir sicher, dann würde ich auch den Rest irgendwie hinkriegen.

Der Arque-Lauf ist für solche Tests wie gemacht. Denn er ist kein Wettkampf. Gelaufen wird mithilfe von Pacemakern in Gruppen mit festgelegten Geschwindigkeiten. Damals konnte man aus fünf Geschwindigkeiten zwischen 4:30 min/km bis zu 6:30 min/km wählen. Heute ist Langsam das neue Schnell und der ganze Geschwindigkeitenblock verschob sich um 0:30 in Richtung gemütlich. Das ist auch in Ordnung, die wenigsten wollen im November bei einem Lauf ohne Wettkampfcharakter durch die Landschaft jagen. Auch an die Fußlahmen ist inzwischen gedacht: Wem 34,6 km zu viel sind, der kann auch unterwegs an den Verpflegungsstellen einsteigen und läuft dann 22,114 km (Sprint L), 14,486 km (Sprint M) oder 8,814 km (Sprint S). Wer sich nun langsam verwirrt am Kopf zu kratzen beginnt, dem sei gesagt, dass man auch noch zwei weitere Strecken mit dem Rad zurücklegen kann. Denn der Arque-Lauf heißt seit einigen Jahren nicht mehr so, er nennt sich nun „Arque run & bike". Kommunikativ ist das alles ein bisschen knifflig, aber dazu komme ich später noch.

So, nun muss ich nur noch den Namen erklären, dann hab ich es bald geschafft. Der Lauf heißt so, weil sein Erlös der Arbeitsgemeinschaft für Querschnittsgelähmte mit Spina bifida Rhein-Main-Nahe e. V. (ARQUE) zugute kommt. Er spricht sich also „Arke" aus. Was ich hartnäckig ignoriere. Ich finde das französisch genäselte „Arg" viel schöner, vielleicht auch, weil es arg lang dauert, den Hintergrund des Laufs zu erklären. Leser sollten an dieser Stelle kurz durchatmen und sich einen Keks nehmen, ich bin nämlich noch nicht fertig.
Der Arque-Lauf geht von Kelkheim nach Mainz. Das ist keine willkürliche Strecke. Der Initiator des Laufs, Michael Lederer, lief diese Strecke an einem kalten Wintertag des Jahres 1988. Er tat das, um seinen Sohn im Krankenhaus zu

besuchen, der mit einer Querschnittslähmung zur Welt kam. Mit ihm wurde auch die Idee zum Benefiz-Lauf geboren. Michael Lederer ist nicht irgendein Hobbyläufer (vielleicht einen zweiten Keks?). Er war mehrfacher deutscher Meister auf verschiedenen Mittelstrecken und hielt 32 Jahre lang mit Thomas Wessinghage und zwei weiteren Läufern den Weltrekord über 4 x 1.500 Meter. Das macht den Arque-Lauf nicht besser oder schlechter, aber es zeigt, dass der Lauf im Herzen eines großen, mitfühlenden Läufers entstand und da kann man ja doppelt respektvoll darauf hinweisen.

Zwei Wochen nach dem Frankfurt Marathon rotten sich nun also traditionell sonntags morgens einige Menschen zusammen, die mit ihrer Zeit nichts Besseres anzufangen wissen, als von Kelkheim nach Mainz zu laufen, sich dort in einem Zelt trockene Sachen anzuziehen und mit einem Bus wieder zurückzufahren. Diese Art Blödigkeit liegt mir und so habe ich nach meinem ersten Mal (ich habe damals – wenn auch nur mit viel Mühe – mein Ableben auf den letzten Kilometern vermeiden können) immer wieder am Arque-Lauf teilgenommen. In den letzten Jahren passte es allerdings nie, es kamen wahlweise ein Marathon oder Unpässlichkeiten dazwischen. (Jetzt vielleicht ein Glas Milch zum Keks?)

Wir finden uns an der Sportanlage „Am Reis" ein und versuchen eine Querschnittswettervorhersage aus allen gehörten und gelesenen Wetterberichten zu bilden. Es wird regnen, das steht fest. Nur wann und wie viel, darüber tappen wir im Dunkeln. Das Dunkle befindet sich in einem Flur zum Anmeldezimmer, wo wir uns nachmelden. Danach stehen wir ein wenig herum, weil wir Einlaufen in diesem Fall für albern halten. Stattdessen frieren wir. Doof. Aus einer raffiniert wettergeschützten Musikanlage (man hat sie einfach gar nicht erst aus dem Auto ausgeladen) singt Adriano Celentano von einem knallblauen Sommerhimmel in Italien und wir starren versonnen auf die brackig schwankenden Blätter auf dem anlageneigenen Pool, über dem sich ein Himmel mit einem hübschen Aschgrauton wölbt. Zeit, die Sporttaschen einem LKW anzuvertrauen und mit hochgezogenen Schultern zum Start zu trippeln.

Wir suchen unsere Gruppe und stellen uns zu dem fröstelnden Häuflein hinter dem Buchstaben E. Michael Lederer schickt jede Gruppe persönlich im Abstand von einigen Minuten mit ein paar warmen und erklärenden Worten auf die Strecke. Dann schlappen wir los.

Bei einer solchen Streckenlänge liegt es in der Natur der Sache, dass sich das Tempo zu Beginn kommod anfühlt. Schon jetzt weiß ich, dass das nicht so bleiben wird. Der Startschuss erweist sich als Startschuss zum Reden, fast alle stürzen sich in ein verbales Gemenge, als sei soeben die Zeit ihres Schweigegelübdes abgelaufen. Wie immer neigen einige Laufredner zur Ganzgruppenbeschallung, in der Regel nicht die eloquentesten. Ich denke eine Weile darüber nach, ob es nicht eine gute Idee wäre, einen Schweigelauf zugunsten Zungenamputierter ins Leben zu rufen, verwerfe die Idee nach einem Blick in die Runde jedoch rasch. Es würde keiner kommen. So hoffe ich eine Weile auf eine interessante Geschichte, gebe aber nach der Vielzahl von „Ich bin dieses

Jahr in … eine Zeit von … gelaufen trotz meiner langwierigen Verletzung …" auf. Hinhören ist ohnehin riskant, man könnte in den offenen Mund einer der Witzbolde laufen, die ihre Umlaufenden mit lautstark gerufenen, bis zur Unwitzigkeit entstellten Scherzen traktieren.

Gleich zu Beginn sind einige Steigungen zu bewältigen. Wir sind schließlich im Taunus. Ich hatte sie alle vergessen. Die Pacemaker maken Pace, dass es nur so eine Art hat. Genau genommen ein bisschen zu viel. Aber irgendwann, auch das weiß ich, schiebt sich das alles zurecht. Ein Motorrad mit wichtig blinkendem Blaulicht eskortiert uns. Das hat schon etwas Nobles. Wir stiefeln nach Süden Richtung Hofheim und können einen Waldabschnitt genießen. Einer der Witzbolde instruiert ungefragt eine bemitleidenswerte Dame genauestens zu Schrittlänge und Schrittfrequenz am Berg und korrigiert sie, als habe er eine Dreijährige neben sich. Zwischendurch hat jemand rechtzeitig einige Blechbläser gepflanzt, die auf dem fruchtbaren Taunusboden gut gediehen sind. Posaunen übertönen Scherze und Instruktionen und das ist doch fein. Vom Genuss des angebotenen Jagertees sehen wir dann aber ab. Wer weiß, welches Debakel der in unserem Gekröse anstellen würde.

Die erste richtige Verpflegungsstelle hat man an einer Shell-Tankstelle bei Marxheim aufgebaut. Leider zieht es mich in die dortige Toilette und ich weiß, was das bedeutet. Es wird zu knapp. Es ist immer zu knapp. Das Päuschen ist verdammt kurz für Getränk rein und ehemaliges Getränk wieder raus. Als ich die Kabine entere, höre ich den Ruf, dass es weiter gehen soll. Egal – was getan werden muss, muss getan werden. Als ich wieder auf die Straße trete, ist die Gruppe davon geeilt. Jetzt muss ich die Lücke zulaufen. Aber seit ich Priscah Jeptoo beim New York Marathon gesehen habe, weiß ich ja, wie das geht. Man guckt entschlossen und wirft die Beine nach außen. Mit dieser Methode erreiche ich die Gruppe in kurzer Zeit wieder. Mein Freund, der Garmin Zeitmesser, ist derweil in einen Energiesparmodus gegangen und weigert sich, den Satelliten erneut zu finden. Als er sich dunkel erinnert, wo er eben noch war, habe ich einen Kilometer ohne ihn zurückgelegt. Ab jetzt muss ich ihn im Kopf immer ergänzen. Hightech ist doch ein enormer Fortschritt. Zwei ziemlich fröhliche Jungs haben sich an der Tankstelle erst mal Bier gekauft. Och jo.

Die Gruppe ist nun etwas größer geworden, die „Sprint L" Kandidaten sind zu uns gestoßen. Ein Hauch von motivierter Frische durchweht das Feld. Wir freuen uns auch ohne Bier schon mal auf die nächste Verpflegungsstelle, die kurz hinter Kilometer 20 lauert. Bei Weilbach (Kilometer 15) ist Schluss mit dem Laufen auf Land- und Dorfstraßen, wir entern mit dem Regionalpark Rhein-Main eine beliebte Naherholungsstrecke, die sich an den Rheingau anwanzt und „Riesling, hier gibt's Riesling!" ruft. Es lässt sich hier wunderbar laufen, das Denken kann man getrost einstellen. Man folgt einfach nur dem Weg.

An der zweiten Verpflegungsstelle kralle ich mir eine Banane. Heute sehr früh am Morgen habe ich mir ein Porridge gemacht, das hat bis hierher fulminant vorgehalten. Aber jetzt, etwa bei Kilometer 20, könnte ich einen Hauch Zucker gebrauchen. Der angebotene Früchtetee hat keinen. Schon wieder muss ich mich mächtig beeilen – dass die aber auch so hetzen müssen … In Ruhe austrinken und weiter geht's. Die Lücke, die ich zulaufen muss ist dieses Mal nur klein. Im letzten Drittel des Feldes läuft es sich ohnehin nicht schlecht. Sofern man nicht gerade die zahlreichen Mitglieder eines Vereins um sich hat, die erst hier gestartet sind und deshalb über mächtig viel Puste verfügen. Da man mit jedem Vereinsangehörigen gleichzeitig kommunizieren muss, wird aus allen Rohren geblökt. Unter den anderen, die bereits länger unterwegs sind, haben sich lockere Gesprächsgemeinschaften gebildet, die sich ruhig austauschen. Dazukommende glauben scheinbar, die trabende Gruppe erst einmal durch grölende Bierzelttumbheit und einen Wettbewerb im Schrill-Lachen aufmischen zu müssen. Ich versuche, die akustische Pest großräumig zu meiden.

Bei Kilometer 25,8 wartet schon die nächste Station auf uns. Für mich wird es jetzt anstrengend, aber das wusste ich vorher. Ich bin in diesem Jahr keine Strecke über Halbmarathon gelaufen. Jetzt muss es die Body Memory richten, die Längeres kennt. Zum Tee nehme ich jetzt einen steinharten, weil bereits abgelaufenen Gel-Chip. Etwas anderes hatte ich nicht mehr zu Hause. Die Strecke wird nun endgültig flacher und einfacher. Immer wieder kommt die Gruppe wegen einer kleinen Pfütze ins Stocken, es ist ein bisschen wie der zähflüssige Verkehr auf Autobahnen, den man auch nie begreift. Wenn die Beine so ziepen, bleibe ich ungern stehen. Ab Kostheim kann man Mainz schon sehen. Aber es sind eben noch

4,631 km. Ich fange dennoch schon mal an, mich zu freuen. Denn das ist wirklich nicht mehr viel. Ich habe keine Blasen und größere Probleme, ich musste mich nicht in die 7er-Gruppe zurückfallen lassen. Geregnet hat es nicht lange und nur mäßig. Ich bin gut durchgekommen, mein Trainingspartner ebenso. So viel steht jetzt schon fest. Das beflügelt ein bisschen für die letzten Meter. Allerdings hat sich die Gruppe doch ziemlich auseinandergezogen und wir sind weit hinten. So kann ich nur leise hören, was beim Arque-Lauf immer ein besonderer Genuss ist: Beim Einlaufen über die Theodor-Heuss-Brücke nach Mainz wird die Landesgrenze zwischen Hessen und Rheinland-Pfalz überquert. Traditionell wird diese Tatsache mit dem Absingen des Rodgau Monotones Klassikers „Die Hesse komme!" dokumentiert.

Nach der Brücke muss man sich kurz durch laufenden Verkehr kämpfen, dann geht es in den Fußgängerbereich der Innenstadt. Ich bin als hessische Pfälzerin oder pfälzische Hessin berührt. In Mainz bin ich geboren, es ist schön, hier einzulaufen und den Domplatz anzusteuern, auch wenn ich jetzt wie Falschgeld zwischen den Sonntagspassanten und Fußballfans hindurchspringe. Als ich auf den Domplatz einbiege, riecht es komisch und ich weiß schon jetzt, warum. Unzählige 5-Minuten-Terrinen sind hier löffelbereit. Nach 3:45 Stunden ist das Ziel erreicht. Jetzt muss es schnell gehen: Der geneigte Läufer braucht trockene Sachen gegen die Auskühlung. In den Zelten wurden die Taschen gelagert, hier wurschteln sich alle irgendwie zurecht. Trocken und warm eingepackt lässt sich das angebotene Buffet auch viel besser würdigen: Cola, Tee, Wasser, Schorle, Bananen und die legendäre miefende 5-Minuten-Terrine. Ich wähle einen Kartoffelbrei, der sich auch ohne große Beteiligung der Kiefermuskulatur mühelos bewältigen lässt. So einen Quatsch esse ich wirklich nur hier, aber es tut sehr gut. Noch schnell ein alkoholfreies Weizen gebunkert und dann nichts wie zum Bus.

Die Fahrt zurück dauert eine gefühlte Ewigkeit, aber auch das hat Tradition. Wir sind schließlich ja auch weit gelaufen.

Schöner atmen in der Rauchbucht.

Es gibt zahlreiche Kriterien, nach denen man sich seine Volksläufe aussuchen kann. Die Schönheit der Strecke etwa. Oder die Schnelligkeit. Für meinen letzten Lauf ging ich anders vor. Ich entschied nach der Schönheit der zur Werbung für den Lauf abgebildeten Personen. Im Falle des Reykjavík Marathons handelt es sich nämlich um eine kleine Gruppe partiell recht behaarter Wikinger, denen alles fehlt, was üblicherweise zur Ausstattung eines Laufmodels gehört. Einschließlich einer Frau. Nicht eine Musterläuferin lächelt auf den offiziellen Fotos sehnig und braun gebrannt in die Kamera, kein pinkfarbenes, winziges Höschen umweht ein winziges Popöchen als Krönung eines endlos langen Muskelspiels zwischen Ferse und Hüfte. Stattdessen: Eher ökonomisch bemimte, mäßig gelaunte, figürlich an Lammsuppe und Tuborg gereifte Nordmänner. Anstelle eines kalifornisch anmutenden azurfarbenen Musterhimmels hängt über ihnen eine wenig repräsentative graue Suppe. Es ist weder touristisch besonders anziehend noch genderkorrekt. Ich bin verzückt. Ich muss in Island laufen!

Aber natürlich will ich wissen, wer die Herrschaften auf dem Bild sind. Normale Models sind das nicht, so viel steht fest. Die Organisation des Reykjavík Marathon gibt mir gern Auskunft: Bei den Wikingern handelt es sich um eine Rockband namens Skálmöld, Freunde des gepflegten Lärms. Sie haben eigens für den Lauf trainiert, um dabei für ein Kinderhospital zu sammeln. Als „Marathonmennirnir" haben sie ihre Trainingserfolge bei Facebook dokumentiert, um zu zeigen, dass jeder laufen und dabei sein kann. Großartig. Dabei ist der Reykjavík-Marathon 1984 eigentlich deshalb ins Leben gerufen worden, um auch Gäste aus dem Ausland ansprechen zu können. Passenderweise findet am selben Abend ein großes Kulturfestival statt, sodass es sich für Besucher gleich doppelt lohnt. Seit jeher ist die Laufveranstaltung international ausgerichtet. Heute allerdings scheint sie eher für Breitensportler als für Spitzenläufer interessant zu sein. Zwar haben bereits Grete Waitz, Stefano Baldini oder Herbert Steffny die Marathon- oder Halbmarathonstrecke unter die Füße genommen, aber große Start- oder Siegprämien gibt es hier nicht mehr. Fast 10 Prozent der Teilnehmer kommen aus dem Ausland, um Frauenmangel muss sich der Lauf keine Gedanken machen: Von dem hier üblichen Frauenanteil von etwa 49 % beim Halbmarathon und über 25 % beim Marathon sind Laufveranstaltungen in Deutschland so weit entfernt wie isländischer Gammelhai von Parfum. Werbung mit Männern spricht dem ja auch in Wahrheit gar nicht entgegen. Jungs wie die abgebildeten sieht man in Reykjavík an jeder Ecke, in der Regel tragen sie lässig ein Kleinkind über die Schulter geworfen und ein weiteres geschickt in den Hosentaschen verstaut. Der Isländer hat es mit der Familie und alle machen alles, und so selbstverständlich, wie sich Frauen um ihr berufliches Fortkommen kümmern, so laufen sie eben auch.

Der Reykjavík Marathon lädt alles zum Mitlaufen ein, was zwei Beine hat: Neben dem Marathon und Halbmarathon gibt es eine Marathon-Staffel, einen 10-km-Lauf, einen 3-km-Fun Run, der oft von Familien genutzt wird und einen

„Lazy Town Run", hinter dem sich zwei Bambini-Läufe für Zwei- bis Achtjährige verbergen.

Ich bin mit laufreisen.de nach Island gekommen, die die Möglichkeit zur Marathon- und Halbmarathonteilnahme mit einer anschließenden Rundreise verbinden. Perfekt für mich. Wir sind sehr nah am Start untergebracht, der in der Innenstadt liegt. Die Startzeit ist mit 8:40 Uhr angenehm, so lässt es sich zuvor in Ruhe noch einen Tee trinken und eine Banane essen. Die Marathonmesse am Vortag habe ich mir ausnahmsweise gespart, auf die Information vertrauend, dass es dort wenig Aufregendes zu sehen gibt. Dann doch lieber in der Stadt umherwandern, die man recht schnell lieb gewinnen kann. Ich mache heute nur den Halbmarathon, für die Marathonvorbereitung fehlten Zeit und Muße und für einen Halbmarathon muss ich zum Glück noch immer nichts Besonderes tun, außer ab und zu laufen.

Die Strecke geht durch die Stadt und immer wieder am Meer entlang und so sind wir froh, dass das Wetter moderat ist – es kann recht zugig werden in Island. Darüber hinaus sind die Temperaturen fast immer ideal zum Laufen. Im August sind zwischen 8 und 20 Grad denkbar, oft pendelt es sich bei komfortablen 12 bis 15 Grad ein. Heute komme ich locker mit zwei Shirts und ohne Jacke aus. Es gibt Pacemaker und Startkorridore nach Zielzeiten, wie sich das für einen ordentlichen Lauf gehört. Taschen kann man im ältesten Gymnasium des Landes lagern, das über einem kleinen Hügel thront und so etwas wie das Zentrum an Start und Ziel bildet. Hier stehen Reiseveranstalter mit Fähnchen und warten auf ihre Schützlinge, Familienangehörige postieren sich am Ende mit dicken Pullovern und Thermoskannen, um ihre Helden in Empfang zu nehmen. Bei den „großen" Läufen werden am Ende über 3.000 Teilnehmer ins Ziel kommen, aber hier im Startbereich geht alles ganz lässig und ohne großes Gedränge von statten. Obwohl man ja in Island ganz schön „nordic" ist, sehe ich übrigens fast keine Nordic Walker. Vielleicht weiß man hier ja gar nicht, was das sein soll.

Am Start finde ich auch wieder ein Poster meiner Lieblinge, dort wo auch Sponsor Íslandsbanki seinen Sitz hat. Bis zum Jahr 2008 hieß die Bank noch Glitnir, doch dann geriet sie im Zuge der Krise ins Straucheln und wurde verstaatlicht und umbenannt. Heute ist Island nur noch mit 5 % an der Bank beteiligt, das Fahrwasser wieder ruhiger. Organisiert wird der Reykjavík Marathon übrigens von einem Zusammenschluss der hiesigen Sportvereine, die über 400 Helfer an den Streckenrand schicken. Für eine Stadt, die halb so viele Einwohner hat wie Wuppertal, ist das ganz ordentlich. An dieser Stelle sei übrigens erwähnt, dass Wuppertal im Schnitt 16 Regentage im August hat, Reykjavík aber nur 11,7. So viel zum grauen Himmel.

Am Start werden wir beschallt. Weltweit wurde inzwischen Bonnie Tyler von Pharrell Williams abgelöst, kein Volkslauf kommt mehr ohne „Happy" aus, das ja aber durchaus die Pre-Start-Laune unterstreichen kann. Wer so gut beisammen ist, dass er 21 Kilometer und mehr laufen kann, hat allen Grund, happy zu sein. Vielleicht ist der Sound nicht ganz im Sinne von Skálmöld, aber da müssen sie durch. Kurz nach dem Start reicht Williams das Mikro an Bono weiter, natürlich darf auch „Beautiful Day" von U2 nicht auf „Best of Marathonbeschallung" fehlen.

Langsam komme ich ins Rollen. Ich habe meine Kamera dabei und will lieber ein paar nette Fotos machen und nichts verpassen als schnell laufen. Letzteres kann ich schließlich auch zu Hause. Theoretisch zumindest. Die Strecke ist gar nicht besonders malerisch, es gibt immer wieder Passagen durch Wohngebiete und da die Sonne nicht scheint, sind auch die langen Abschnitte am Meer nicht unbedingt nur prospektreif – natürlich nicht gemessen am Industriegebiet von Offenbach, sondern an der spektakulären Schönheit Islands insgesamt. Aber in einem fremden Land ist alles anders und aufregend und es gibt so viel zu entdecken. Das beginnt schon beim Asphalt. Er klingt anders, sieht anders aus und fühlt sich anders an. Hellgrau und grobkörnig ist er in Reykjavík, mit weißen Einsprengseln. Bei den Fahrbahnmarkierungen muss man aufpassen, manchmal sind sie erhaben und laden den ermüdeten Fuß zum Straucheln ein. Aber noch sind meine Beine frisch und so checke ich das schon mal alles. Nach einer kleinen, hübschen Runde durch die belebte Stadt, vorbei am Stadtsee Tjörnin, kommen wir in ruhigere Gefilde. Aber schnell wird klar, dass Ruhe relativ ist: Die Anfeuerung der Reykjavíker ist zauberhaft. Zwar zieht man nicht unbedingt mit Tröte und Transparent in großen Gruppen auf die Straße, obwohl auch das vorkommt. Häufiger ist es aber, dass man die Unterstützung direkt vom Grundstück aus betreibt. Beliebt sind Balkone, Fensternischen und Treppenaufgänge. Mit billigen Plastikinstrumenten hält man sich dabei nicht auf. Wer ein tragbares Musikinstrument spielt, packt es aus. Bei einer kleinen Hausparty auf dem Balkon schallt die Trompete, vor der Tür wird Saxophon gespielt. Das wirkt sehr persönlich und berührend. Tröten kann ja jeder. Dazwischen hat immer wieder jemand seine Lautsprecher vor die Tür geschleppt und gibt den DJ. Hier scheint man sich bei der Wahl der Musikrichtung einig zu sein – die Tendenz geht zu erdigem Rock der 70er- und 80er-Jahre. Mit AC/DC bin ich schon immer gern gelaufen, die Landschaft ruft ohnehin nach Kraftvollem. Neben mir laufen Menschen mit Ohrstöpseln und ich bin immer wieder verblüfft, wie man bei so einem Lauf seine Sinne spalten kann.

Ich lasse den Blick ins Feld schweifen. Jung ist es, bunt und weiblich. Und tatsächlich international. Deutsch hört man gelegentlich, mir begegnen zwei nordirische Männer, viele Kanadier und Amerikaner. Eine Gruppe Briten sammelt für ein Diabetes-Projekt, ein Holländer gedenkt seiner Tochter. T-Shirts erzählen Geschichten. Nach etwa 5 km kommt schon die erste Verpflegung. Es gibt Wasser und „Bauerrräädt!!", hinter dem sich blaues Powerade verbirgt, das mich immer ein bisschen an das erinnert, was man in Dixihäuschen leitet, weshalb ich es ungern trinke. Aber bei einem Halbmarathon ist man darauf ja auch nicht angewiesen. Ich wähle einen Schluck von dem immer leckeren kalten isländischen Wasser, mit Bedacht, denn es ist wirklich sehr kalt.

Neben den „inoffiziellen Musikstellen" gibt es an der Strecke auch geplante kleine Gigs, die meisten Bands spielen von einem offenen LKW herunter. Die Qualität ist durchweg super, auch hier neigt man zu Led Zeppelin und Co. Und dann gibt es zwischendurch immer wieder die Fraktion der Küchengeräte. Clevere wählen Topfdeckel, Optimistische donnern Plastikpfannenwender auf Holzlöffel, was zwar außer einem zarten „Plock" nichts Hörbares bringt, aber was zählt, ist der gute Wille. Jetzt bieten ein paar Mädchen den Läufern Schokoladenstücke an. Ich bin sehr verliebt in die isländischen Marathonzuschauer.

Am Meer wird es doch ein wenig windig und ich verstecke mich hinter einem älteren Herren mit einer sehr plustrigen Jacke. Ein junger Mann, der einen Rollstuhl schiebt, muss mal in die Büsche und stellt seinen sitzenden Kumpel am Wegrand ab. Ein seltsames Bild. Bereits zuvor ist mir ein Rolli aufgefallen, der in einem wenig sportlichen Gefährt unterwegs war. Das Vertrauen in den isländischen Asphalt ist groß. Ich nehme am Meer ein paar besonders tiefe Atemzüge. Die Luft in Reykjavík ist so sauber wie in kaum einer Stadt und ich bilde mir ein, das zu spüren. Leicht und frisch und knackig umweht uns die Luft der „Rauchbucht" Reykjavík und man kommt gut vorwärts. Außerdem muss ich immer wieder tief atmen, um festzustellen, ob es stimmt. Das mit dem Geruch. Auf einem isländischen Prospekt steht zu lesen, dass man in Island nicht mieft beim Schwitzen. Wegen der Reinheit der Luft. Das scheint mir wenig logisch zu sein, aber man kann das ja mal empirisch angehen. Tatsächlich riechen meine zu Hause ausgepackten Laufklamotten deutlich weniger als sonst. Auf der Strecke halte ich meine Nase in den Wind. Magie allerorten.

Bei meinen Fotopausen verliere ich immer viel Zeit, weil ich nicht hetzen mag, aber das macht nichts. Manchmal laufe ich sogar ein Stück zurück, weil der Kopf mal wieder nicht schnell genug war. Unbedingt will ich auch „Sólfar" fotografieren, das Kunstwerk am Meer, das ein Wikingerschiff darstellt, auch wenn die Perspektive doof ist und das Bild nicht gut. Aber Sólfar ist schließlich auf der Rückseite der Marathon-Medaille und sehr, sehr schön. Leider verpasse ich dann doch Höfði, das Haus, in dem sich 1986 Reagan und Gorbatschow trafen. Aber vielleicht war das ja auch nur von der Marathonstrecke aus zu sehen.

Ein kleiner Teil der Strecke ist um einen Wendepunkt gebaut und so kann man die schnellsten Läufer auf der anderen Seite sehen. Erst später begreife ich, wie weit sie vor mir sind. Bei dem vergleichsweise langsamen Feld ist das auch schwer einzuschätzen – von den etwa 2200 Halbmarathon-Finishern werden 150 länger brauchen als zweieinhalb Stunden.

Ich habe nun eine wellige Strecke mit vielem „Stop-and-go" in den Beinen und bin dann doch etwas müde. Die letzten Kilometer ziehen sich lange und gerade am Wasser entlang und sind mental ein bisschen anstrengend. Anfeuerung gibt es hier nicht. Dort, wo sich Halbmarathon- und Marathonstrecke teilen, die Marathonläufer auf eine weitere Schleife müssen, während die anderen sich schon in der Einflugschneise wähnen, holt ein Läufer neben mir tief Luft. Als er nach links steuert, sagt er leise „Okay!" zu sich selbst. Ich kenne diese Art, sich selbst Mut zu machen und schicke ihm gute Wünsche hinterher. Vor mir taucht nun der Mann mit der Plusterjacke wieder auf, die er sich inzwischen um die Hüfte gebunden hat. Dafür hat er eine Fahne gezückt, es ist einer der vielen Kanadier im Feld. Gemeinsam biegen wir um die Kurve, zurück vom Meer in die Stadt. Gleich sind wir wieder da. Bei dem Poster von Skálmöld und der Schule mit dem Hügel. Ich kenne mich ja jetzt aus in Reykjavík.

Wenn man sich in Island trifft, sagt man zur Begrüßung „Takk fyrir síðast", was so viel bedeutet wie „Danke für's letzte Mal!". Nie habe ich von einer schöneren Begrüßungsformel gehört. Irgendwann werde ich wieder nach Reykjavík kommen und „Takk fyrir siðast" sagen. Und es wird nicht nur eine Formel sein.

Läufer-Glossar.

A

Auslaufen, das. Laufen nach dem Laufen.

Hat der Läufer einen schweren und anstrengenden Lauf gemacht, muss er sich erholen. Deshalb läuft er, und zwar aus. Er ist dann nicht etwa leck geschlagen oder verlässt fregattengleich den Hafen, vielmehr trabt er in vermindertem Tempo vorwärts. Auslaufen kann man unmittelbar nach dem Lauf („Ein paar Schritte auslaufen" = ein Kilometer) oder am Tag danach („Eine kleine Runde auslaufen " = 5–10 Kilometer). Einlaufen findet ebenfalls statt, jedoch nie nach einer zu heißen Dusche, sondern ausschließlich ins Stadion oder Ziel. (→Zieleinlauf)

Ausrüstung, die. Doping für Bekleidung.

Der Läufer selbst braucht praktisch kaum Ausrüstung. Anders seine Kleidung. Sie wird mit antibakteriellen Stoffen behandelt, die selbst eine Klärgrube in einen aseptischen Zustand versetzen könnten. Bei Urlaubsreisen in den Tropen wird Läufern daher empfohlen, rechtzeitig die eigenen Socken zu essen, um gegen Cholera, Fleckfieber oder Milzbrand vorzubeugen. Wirkt die Behandlung nicht, hat der Läufer vermutlich versehentlich Nicht-Funktionsbekleidung gekauft oder seine Angreiferbakterien haben sich ihren bereits resistenten Kumpels angeschlossen. Schade eigentllich. (→Funktionsbekleidung)

B

Bananen, die. Wappenobst.

Statt eines Wappentieres pflegt die Läuferfamilie ihr Wappenobst, die Banane. Sie wird selten wirklich gemocht, aber aus alter Familientradition vor, während und nach dem Lauf verzehrt. Weil die Bananenlobby Läuferpublikationen fest im Griff hat, reißen die Meldungen über die Nützlichkeit der Affenspeise nicht ab. Volkslaufbananen sind immer steinhart und grün und wehren sich gegen das Zerteiltwerden mit Bissen, weshalb sie nur mit Handschuhen bearbeitet werden dürfen.

Brustwarzenpflaster, das. Männer-Mini-BH.

Während laufende Frauen versuchen, sämtliche Oberkörperwölbungen mittels stramm straffenden Textilien fest an den Rippen zu arretieren, beschränkt sich die Brustbekleidung bei Männern auf wenige Quadratzentimeter. Was darunter liegt, ist, obgleich beim Manne evolutionär nutzlos geworden, gemeinsam mit einigen Zentimetern im Schrittbereich (→Wolf) das schützenswerteste Areal des Läufers. Das Laufshirt verwandelt sich durch Salzkristalle im Laufe des Laufs in Schleifpapier 30iger-Körnung und verrichtet an zarten Männerkörpern ein blutig Werk. Der rustikale Mann verwendet zum Nippel-Schutz Hansaplast Classic, der urbanverspielte wählt Pflaster mit Winnie-the-Pooh-Motiven oder eigens für diesen Zweck hergestellte Nipple Guards.

C

Carboloading, das. Die Mirácoli-Tage.
In 374 Diätratgebern steht, man soll Kohlehydrate meiden, wenn man die Figur halten will. Der kluge Läufer meidet stattdessen Diätratgeber und isst Kohlehydrate wie ein Scheunendrescher, vor allem vor dem →Marathon. „Penne!" ist das ganze Trachten des vorläufigen Marathonsportlers, womit sowohl eine Option für das ungehemmte Aufladen von Kohlehydraten durch Pasta wie auch eine Selbstermahnung zu rechtzeitigem und lang andauerndem →Schlaf gemeint ist.

Chip, der. Zeitmessung (ohne Geschmacksverstärker).
Ähnlich wie der Judokämpfer zum Judo braucht der Läufer zum Laufen eine Matte. Erst wenn er darüberläuft, wird seine Laufzeit registriert. Dafür sorgt in der Regel ein knusperfrischer Chip, der meist mittels Schnürsenkel am Schuh befestigt wird. Matte und Chip begegnen sich mindestens im Ziel, meist jedoch auch am Start und diversen Punkten unterwegs, um das sogenannte U-Bahn-Doping zu unterbinden. Im Ziel löst der Chip schließlich die Endzeit und damit eine wahre Endzeitstimmung aus. (→Nettozeit) (→Zieleinlauf)

Crosstraining, das. Alles, nur nicht laufen.
Kaufen sich Menschen einen Crosstrainer, muss man nicht zwangsläufig von Menschenhandel sprechen. Der Crosstrainer kann auch ein Gerät sein, mit dem man auf fragwürdige Art und Weise Arme und Beine bewegt, um nicht laufen zu müssen. Auch mit dem Fahrradfahren, Schwimmen oder

Rudern ist es ein Kreuz, es ersetzt ebenfalls die Laufeinheit. Angeblich macht Nichtlaufen den Läufer schneller und ausdauernder. Ins Kino gehen und Popcorn essen gilt allerdings nicht als Crosstraining.

D

Dehnen, das. Die Sache hat ein Nachspiel.

Dehnen ist eine spezielle Technik, die auch von Katzen mit abgebrochener Hauptschule mühelos richtig ausgeführt wird, wohingegen Menschen grundsätzlich scheitern. Die häufigsten Fehler beim Dehnen sind: Erwarten, dass der Baum endlich zurückweicht, Beschmutzen des Hinterteils durch eine schlammige Ferse, nach dem Ausfallschritt nicht mehr hochkommen und Einschlafen. Wer nach dem Laufen nicht dehnt, surrt eines Tages auf die Größe einer Briefmarke zusammen und hat einen Marathon künftig bereits nach 42,195 cm bewältigt.

Dixihäuschen, das. Notdürftige Notdurftheimstatt mit schlangenbeschwörender Wirkung.

Den Bedarf an Dixihäuschen berechnet ein Laufveranstalter üblicherweise wie folgt: Anzahl der Voranmelder durch die Anzahl derer, die voraussichtlich blaue Schuhe tragen plus nachmeldende Frauen, geteilt durch die Quersumme aus der Anzahl der verwendeten Plastikbecher minus der Sponsorenlogos, die auf der Ausschreibung versehentlich zu klein gedruckt wurden. Oder auch anders. In jedem Fall aber spielt die Teilnehmerzahl eine untergeordnete Rolle.

E

Ergebnisliste, die. Insider-Ranking.

Wer mit dem Laufen nicht vertraut ist, fragt den Läufer nach einem Volkslauf in der Regel zwei Dinge: 1. Wie schnell warst du? (Womit km/h gemeint sind, die einzige Tempobeschreibung, die der Autofahrer kennt.) Und 2. Wievielter bist du geworden? Auf die zweite Frage wird dann häufig eine drei- bis vierstellige Zahl genannt, was stets Enttäuschung, wenn nicht gar Entsetzen auslöst. Feinheiten wie Altersklassenplatzierungen werden danach nur noch als peinliche Ausreden empfunden. Ergebnislisten sind folglich so etwas wie Partyfotos: Es ist absolut sinnlos, sie denen zu zeigen, die nicht dabei waren.

Event, das. Sponsorentreffen mit Laufstatisten.

Da findige Laufveranstalter ihren Lauf in einer Reihe mit Veranstaltungen wie „Das große Bällebad-Festival", „Die 3 nackten Tenöre" oder „Pyrotechnik rund um Helene Fischer" sehen, ist der Begriff „Lauf" nicht sexy genug, gerade im Hinblick auf die Sponsoren. Davon profitieren auch die Teilnehmer: Wer sich ein Samsung-Logo auf die Stirn tätowieren lässt, wird mit einem Farbbeutel beworfen und darf umsonst starten. Events finden immer in der Innenstadt statt („City-Event"), damit mehr Werbekontakte entstehen. ($\rightarrow$ Stimmungsnest)

F

Feld, das. Vielköpfige Landschaft.

Während der →Wald aus Bäumen besteht, setzt sich das Feld aus Läufern zusammen. Ein Feld kann verschiedene Eigenschaften haben. Häufig ist es dicht, was nicht bedeutet, dass die Läufer betrunken sind, sondern zahlreich und nahe beieinander. Gelegentlich zieht das Feld. Ein Tau braucht es dafür nicht, wohl aber eine gewisse Überambitioniertheit, die einzelne Läufer über kurz oder lang ins Verderben reißt. Dann zieht das Feld wieder, aber dieses Mal sich selbst, nämlich auseinander.

Funktionsbekleidung, die. Knitterfreies Kunstfaserkunstwerk.

Funktionsbekleidung stammt ursprünglich aus der Entomologie (Insektenforschung). Hier wurde sie dafür eingesetzt, menschlichen Körpergeruch zu verstärken, um die seltene Fies-Fies-Fliege herbeizulocken. Als Nebeneffekt stellte sich heraus, dass die Insektenlock-Kleidung schneller trocknet, was sie für die Sportartikelindustrie interessant machte. Funktioniert Funktionsbekleidung bei einem Volkslauf einmal nicht, hilft – anders als bei anderen Hightech-Produkten – kein Neustart.

Fuß, der. Auftrittsort.

Füße bestehen aus 26 Knochen, 29 Muskeln, 31 Gelenken und 107 Sehnen und Bändern. Aber sie wissen es nicht. Sie haben deshalb praktisch kein Selbstbewusstsein und lassen sich nicht artgerecht halten, ohne zu murren. In der Regel werden sie in der Logistikbranche eingesetzt, wo sie auch schwere Lasten rasch transportieren. Bei Läufern macht den Füßen der Zeitdruck zu schaffen, häufig werden Lenk- und Ruhezeiten nicht eingehalten. Es ist zu hoffen, dass die Fußgewerkschaft sich bald mit ihren Forderungen durchsetzt: Besserer Geruch, auch nach 24 Uhr, regelmäßige Hornhautentfernung und mindestens 10 Stunden Hochlegen pro Tag.

G

Gel, das. Schmodder.

Das Kohlehydratgel des Läufers ist mit Haargel vergleichbar: Beide sind extrem klebrig und praktisch ungenießbar. Gleichwohl hat es sich bei Langstreckenläufern durchgesetzt. Es lässt sich leichter transportieren als ein Schweinsbraten mit Knödeln und unterwegs auch einfacher verzehren. (→ Hungerast) Die üblicherweise dazu gereichten Flüssigkeitsmengen sind jedoch ähnlich. Ohne Wasser härtet das Gel im Läuferkörper gesteinsgleich aus, so dass er das Ziel nur noch in einem Muldenkipper liegend erreichen kann.

GPS, das. Verbindung ins All.

Läufer, die einen GPS-fähigen Armriemen tragen, orientieren sich nicht mehr nach vorne, sondern nach oben. Ihr Ziel ist ein Satellit, den es anzusteuern gilt. Eigene Bestzeiten werden unwichtig gegenüber den Zeiten, die eine hausgroße Unterarmelektronik braucht, um den Satelliten zu erreichen. Ohne das „Go" von oben, ein göttliches O. K. in Form eines Piepgeräuschs, macht der Läufer keinen Schritt mehr. Hernach zeigt er Gott und der Welt auf einer digitalen Landkarte, wo er war. Zumindest von der Welt ist bekannt, dass sie daran herzlich uninteressiert ist.

H

Hausstrecke, die. Geliebter Trott.
Ähnlich wie der Hauswein im Restaurant ist die Hausstrecke eine Strecke, die weniger durch Qualität, als durch die kaum benötigten intellektuellen und finanziellen Aufwendungen besticht. Erstaunlicherweise ist die Hausstrecke stets aushäusig angelegt, also im Grunde eher eine Außer-Haus-Strecke. Sie lässt sich auch dann belaufen, wenn der Weckvorgang nicht vollständig geglückt ist, sich der Läufer also in weiten Teilen noch im Tiefschlaf befindet. Hausstrecken vermehren sich ungeschlechtlich durch Richtungswechsel: Wer einmal in umgekehrter Richtung startet, hat fortan eine weitere, vollkommen neue Hausstrecke im Repertoire.

Hopphopphopp, das. Zweifelhaftes am Streckenrand.
Mit dem Hopphopphopp möchten Zuschauer bei Laufveranstaltungen dem damit bedachten Läufer Beine machen. Ein Ansinnen fragwürdiger Art, denn dieser hat bereits welche. Zusätzliche Beine, etwa vorne und hinten, würden den Läufer nur behindern und keinesfalls beschleunigen – von ästhetischen Aspekten einmal ganz abgesehen. Man kann also sagen, dass das Machen von Beinen, ebenso wie der dafür verwendete Hopphopphopp-Ruf, dem Läufer nicht nutzt. Aus rätselhaften Gründen wird er dennoch gern verwendet. (→ Stimmungsnest)

Hungerast, der. Wachsende Verzweiflung.

Ausdauersportler vollbringen etwas, was selbst ausgebufftesten Gärtnern nicht gelingt: Sie können dafür sorgen, dass binnen weniger Minuten etwas wächst. Durch konsequent herbeigeführte Unterzuckerung entwickelt sich an ihrem Baum der Unwissenheit überraschend und blitzartig ein Zweig, der weniger tragfähig ist als jeder Strohhalm nach dem der Läufer sonst zu greifen gewohnt ist. Da sich die Läufer meist prompt dennoch daraufsetzen, brechen sie ein. Abhilfe schafft nur etwas, das schneller ins Blut geht als ein warmer Kümmerling. (→Bananen) (→Gel)

I

International (adj.)

Die weltumspannende Bedeutung eines jeden Volkslaufs erkennt man daran, dass er laut Ausschreibung international ist. Auch Läufe mit einem Einzugsbereich von 30 km, in Gegenden, die von Google Earth wegen Irrelevanz nicht erfasst wurden, sind international. Die Internationalität äußert sich dann in den von Läufern auf dem Smartphone mitgeführten Urlaubsfotos, im Angebot von Elsässischem Apfelkuchen und Kaffee aus Costa Rica, und im Besuch des vor vier Jahren auf Rhodos gezeugten Sohnes des Vereinsvorsitzenden.

Intervall, das. Rundenrasen.

Der kluge Läufer weiß: Man muss auch mal ein Päuschen machen. Damit das Päuschen noch mehr Freude bereitet als ohnehin schon, rennt der Intervallläufer zuvor, als wären gleich mehrere Leibhaftige hinter ihm her. Dann trabt er etwa so lange, bis er nicht mehr künstlich beatmet werden muss (Päuschen), um danach wieder mit irrem Blick loszuschießen. Das entwürdigende Schauspiel wiederholt sich vier oder sechs Mal und nennt sich Intervalle. Intervalle machen keinen Spaß, aber einen sehr, sehr roten Kopf.

Iso-Getränk, das. Salz ohne Suppe.
Das Lieblingsgetränk des Läufers ist das Iso-Getränk. Darin schwimmt alles, was der Läufer lieb hat, vor allem Mineralgedöns und Salz. Angeblich schwimmt das Gleiche auch genau so im Körper herum, darum fühlt sich das Iso-Getränk auch sofort zu Hause, wenn es dort ankommt und schließt augenblicklich Blutsbrüderschaft. Der natürliche Lebensraum des betagten Iso-Getränks ist das →Dixiehäuschen.

J

Jogger, die. Feindzielgruppe von Laufsnobs.
Während vom handelsüblichen Durchschnittsmenschen das Wort „Laufen" synonym zu „Gehen" gebraucht wird, ist es für den Laufsnob ein Elitebegriff. Was anderthalbjährige Babys lernen, muss in den Augen des Laufsnobs streng abgegrenzt werden zum minderwertigen „Joggen", dessen Tempo, Kraft und Eleganz niemals mit „Laufen" mithalten kann. Jogger sind demnach die Mädchen des Laufsports, dumpf vor sich hintrabende Wesen mit um die Hüfte geknoteten Jacken, die nicht einmal einen anständigen Ermüdungsbruch aufweisen können. Die Steigerung von „Jogger" ist „Freizeitjogger".

Jubel, der. Läufer-Turbo.

Der Läufer unterscheidet hier zwischen Selbst-Jubel und Fremd-Jubel. Während Selbst-Jubel nach getaner Tat ausgeübt wird und keinerlei beschleunigende Funktion hat (→Zieleinlauf) kann Fremd-Jubel ähnlich wie eine Verpflegungsstation wirken. Besonders hilfreich sind Schilder mit liebevoller Anfeuerung („Quäl Dich, Du Sau"), tief empfundener Solidarität („Wir trinken für Dich mit!") oder zärtlich in Aussicht gestellter Belohnung („Erst laufen, dann ficken"). Jubel unterschiedlichster Tonalität dient der Unterhaltung aller Laufenden und muntert auf, sofern er nicht gönnerhaft daher kommt. (→Hopphopphopp)

K

Knie, das. Konzept zum Orthopädensponsoring

Während der nicht laufende Bürositzer in der Regel „Rücken" hat, klagt der Läufer über „Knie". Knie ist nicht mit dem gleichnamigen Körperteil zu verwechseln. Vielmehr ist Knie ein Sammelbegriff für Arthrose, Arthritis, Meniskus, Knorpelschaden, Sehnenreizung, Schleimbeutelentzündung (beim Läufer) und „zu dick geworden" und „keine Lust" (beim Ex-Läufer). Im Laufe eines Läuferlebens hat jeder irgendwann Knie, das hat die Natur so eingerichtet, um der Spezies der →Orthopäden den Fortbestand zu sichern.

Kompressionsstrümpfe, die. Wadenschraubstock.

Kompressionsstrümpfe haben die Aufgabe, den Läufer so zu formen, dass er sich wie ein Flaschengeist nach unten hin verjüngt, sich hingegen ab Kniehöhe aufwärts quillend entfaltet. Die Waden werden dabei bis zur vollkommenen Blutleere ausgewrungen, was sie leicht und fluffig macht. Sie sehen in einem Kompressionsstrumpf allerdings nicht leicht und fluffig aus, sondern eher wie zwei hochkant gelagerte Walfisch-Leichen. Neue Kompressionsstrümpfe anzulegen, ist etwa so einfach wie durch einen Gartenschlauch zu schlüpfen.

L

Latschenkiefer, die. Schuhbaum mit magischen Kräften.
Immer wieder sieht man Läufer, die sich mit Latschenkiefer-Tinkturen einreiben. Sie werden aus der Latschenkiefer gewonnen, einem Baum, der jedes Jahr im Spätsommer hübsche und sehr bequeme Hausschuhe hervorbringt. Die Tinktur soll das lässige Hausschuhgefühl auf den Läufer übertragen und ihm auch in straffen, ungedämpften Rennschuhen das Gefühl geben, in Latschen unterwegs zu sein. Die Latschenkiefer ist der bekannteste der Schuhbäume, seltener und weitgehend unbekannt sind die Slippereibe, die Schluffenulme und die Schlappenpappel.

Laufband, das. Trockenübungsgerät.
Laufen ist eine Fortbewegungsart. Es sei denn, man läuft auf einem Laufband. Dann ist es eine Stagnationsart. Man kommt weder wo weg noch wo hin. Was der Laufbandläufer schätzt, denn es regnet wenigstens nicht. Es sonnt auch nicht und windet nicht. Es riecht nicht, außer nach dem Läufer

selbst. Laufbandlaufen reduziert Laufen auf das rhythmische Anheben der Beine und ist damit ein Notbehelf. Denn nicht nur die Nase – auch Augen und Ohren laufen gern.

Laufstil, der. Kennzeichnung der Epochen.

Wer mit dem Laufen beginnt, sollte die verschiedenen Stilrichtungen des Laufens kennen. Hevorzuheben sind besonders der Stil des Barock, bei dem in der Regel in Brokat und Samt, einer atmungsaktiven Perücke sowie einem Dreispitz gelaufen wird, der klassische Stil, der durch Reifröcke in Damast (Frauen) sowie ein Spitzenjabot und Pferdeschwanz (Männer) überzeugt, und der romantische Stil, der durch Mousseline-Stoffe, Schleppen und das Mitführen einer blauen Blume gekennzeichnet ist. Bis heute hat sich das Tragen von engen Culotten (3/4-Hosen) erhalten, das Korsett wird meist durch schnürungsfreie Sport-BHs ersetzt.

LDL, der. Geduldsübung zur Marathonvorbereitung.

Beim LDL, dem langsamen Dauerlauf, trottet der Läufer zwei bis drei Stunden vor sich hin, während er von Menschen mit Rollatoren, zweibeinigen Hunden und gelegentlich auch dem ein oder anderen Denkmal überholt wird. Der LDL darf nicht zu zügig angegangen werden. Der Läuferkörper übt dabei auf einem kleinen Öfchen die rauchfreie Fettverbrennung, so dass beim Marathon später keine Dunstabzugshaube mitgeführt werden muss. Der LDL kann sich etwas ziehen, häufig kommt dabei ein Pulsmessgerät zum Einsatz, da sich der Läufer durch das regelmäßige Ablesen von Zahlen zu unterhalten sucht. Vergeblich.

LSD, the. Drogenerzeugend.

LSD verändert die Wahrnehmung und führt zu einem intensiven Erleben. Dabei sind optische, sensorische und akustische Wahrnehmungsveränderungen möglich. Gegenstände können wie in Bewegung erscheinen, auch das Zeitempfinden kann verändert sein. LSD-Läufer schauen öfter auf die Uhr und haben das Gefühl, Stunden seien vergangen, während es in Wahrheit nur wenige Minuten sind. Eine euphorische Grundstimmung stellt sich jedoch ebenso häufig ein →Runner's High. Gelegentlich halluziniert der Läufer unterwegs, sieht beispielsweise große Mengen Weizenbier oder Grillgut. LSD (Long Slow Distance) ist die englischsprachige Entsprechung zu →LDL.

M

Mann mit dem Hammer, der. Yippieh jaja, yippieh yipieh yeah.

Überall auf der Welt gibt es Männer, die sich am Wochenende in Baumärkten mit Schlagwerkzeugen ausrüsten, um damit jenseits der Kilometermarke 20 Läufern aufzulauern. Opfer der offensichtlich beschäftigungs- und perspektivlosen Herren sind gutgläubige Langstreckenläufer, die nicht schnell genug ausweichen können. So kommt es immer wieder zu Gewaltdelikten – und das inmitten dichter Marathonfelder. Es darf als Skandal bezeichnet werden, dass bislang kein einziger Täter gefasst werden konnte.

Marathon, der. Ultramarathon des kleinen Mannes.
Es gibt keinen 5-km-Marathon. Läufer wissen das. Ihr Umfeld leider oft nicht. Ein Marathon ist mindestens 42,195 km lang, die Streckenlänge nach oben praktisch unbegrenzt. Dann allerdings heißt der Marathon „Ultra", benannt nach König Ultra, dem Langatmigen. Marathonläufer haben die Fähigkeit, T-Shirt-Aufdrucke der vor ihnen Laufenden („Running Turtles Bad Fallingbostel") als spannende Lektüre zu erleben und sich wie verrückt auf einen Plastikbecher voll lauwarmem Leitungswasser zu freuen. Dergleichen üben sie im Training (→LDL). 83 % der Marathonläufer beenden ihren Lauf mit einer Lüge. Sie lautet: „Nie wieder".

Mentale, das. Halbe Miete.
Das Mentale ist der Joker im Körper des Läufers. Fällt irgendwo etwas aus oder ab, streikt das Knie, rumort das Gekröse oder sticht die Lunge, springt das Mentale augenblicklich ein. Anders als die Joker bei „Wer wird Millionär", darf dieser beliebig oft gezogen werden. Ein gut ausgebildetes Mentales hat Antworten auf alle Fragen, auch wenn es die nach dem „Warum" gar nicht gern hört. Außerdem verfügt das Mentale über enorme Kräfte, die es – wenn man nett darum bittet – gern verleiht.

N

Nachschwitzen, das. Humane Sprinkleranlagenfunktion.
Insbesondere in der warmen Jahreszeit entwickelt sich der Läufer zu einer Saline auf zwei Beinen – während des Lau-

fens fließt es reichlich mineralreich an ihm herab. Zu Hause angekommen, stoppen die Niagarafälle kurz. So lange, bis der erste Schluck getrunken wird. Fortan ist der Läufer ein Durchlauferhitzer, der sich selbst umspült wie einen Stein im Bach: Er schwitzt nach. Vorschwitzen ist übrigens ebenfalls möglich. Dazu genügt das Anlegen neuer →Kompressionsstrümpfe.

Nacktlaufen, das. Flitztraining.
Nacktläufer gehören zur urzeitlichen Gattung der Freischwinger. Obschon grundsätzlich weitgehend unbehaart, verfügen sie über ein dickes Fell, das ihnen ermöglicht, Wind, Wetter und Spott zu trotzen. Der Nacktläufer ist mit der Funktionsweise der →Funktionsbekleidung unzufrieden und transpiriert lieber direkt ins Freie. Bei herkömmlichen Volksläufen sind Nacktläufer selten vertreten, da sie ein Startnummernpiercing ablehnen.

Nettozeit, die. Was vom Tage übrig blieb.
Es gibt Menschen, die selbst für ihre Zeit Steuern zahlen. Läufer gehören dazu. Von ihrer Bruttozeit wird die sogenannte Startblocksteuer abgezogen, das sind die Minuten, die der Läufer countdownzählend und satellitensuchend vor dem Startbanner herum steht. Der Bund der Steuerzahler hat errechnet, dass so jährlich insgesamt 5,7 Monate zusammenkommen. Zeit, die das Finanzamt verwendet, um Steuerrückzahlungen zu verzögern. Vom Haushalten, Sparen und Rechnen versteht der Langstreckenläufer allerdings so viel, dass er die Zeitsteuer herzlich gern abgibt.

O

Ohren, die. Laufwerkzeuge.

Ohren spielen beim Laufen eine wichtige Rolle. Schwingungen, die das Läuferohr erreichen, sind in der Lage, den Läufer entweder langsamer oder schneller zu machen und den Genuss des Laufens zu ver vollkommnen. Ein MP3-Player ist dazu nicht nötig. Typische Beschleunigungsklänge sind: Volksmusik (Fluchtreflex), Verletzungsgeschichten von Mitläufern und Gewitterdonnern. Langsamer wird man hingegen durch Lerchengezwitscher, hochinteressante Gesprächsfetzen von Entgegenkommenden und den Ruf: „Iiiisoooo!"

Orthopäden, die. Wanted. Dead or alive.

Der Gang zum Orthopäden ist für den Läufer so etwas wie der Friseurbesuch. Es muss von Zeit zu Zeit sein. Fragt man Läufer allerdings, ob sie einen guten Orthopäden kennen, sagen sie immer Nein. Nur ganz selten lautet die Antwort: „Ja, aber der nimmt keine neuen Patienten mehr an." So schlurft der Läufer wacker zu Orthopäden, die von Sport im Allgemeinen und Laufen im Besonderen dringend abraten. Injektionen geben diese Heilunkundigen selten, vielmehr hoffen sie selbst auf eine Finanzspritze des Patienten, damit sich Ultraschall, Stoßwelle und Co. rasch amortisieren.

P

Pacemaker, der. Fußgemachte Qualität.

Nur an sehr wenigen Orten der Welt, unter anderem in

einer kleinen Werkstatt im Sauerland, versteht man sich auf die Kunst des Tempomachens. Hochwertiges und langlebiges Tempo wird dort mit größter Sorgfalt und auf Basis alter Fußwerktradition hergestellt. Ein gut gemachtes Tempo erkennt der Fachmann sofort. Es ist gleichmäßig gearbeitet, wetterresistent und bricht auch unter Dauerbelastung nicht ein. Gute Tempomacher (engl. Pacemaker) sind bis heute sehr gefragt, aber schwer zu bekommen. Alternative Versuche der Tempoherstellung durch Tiere (z. B. Hasen) führen oft nicht zu einem hochwertigen Ergebnis.

Pastaparty, die. Pasta al fango.
Eine Pastaparty ist genauso, wie man sich eine Mörderfete vorstellt: In einer Halle, in der laute, schlechte Musik gespielt wird, steht man mit einem Plastikbeutel über der Schulter und einem Bon in der Hand in einer langen Schlange an, um einen Plastiktopf mit einem handwarmen Nudelklumpen zu bekommen, der aus bis zur Unkenntlichkeit entstellten Spirelli besteht, die sich noch im Todeskampf gegen die Soße gewehrt zu haben scheinen. Mit einem weiteren Bon staut man sich danach zu einem Becher Apfelschorle, die dringend benötigt wird, um den Nudelbeton in das Verdauungssystem zu spülen. (→Carboloading)

Puls, der. Lebenszeichen.
Der Läufer liebt alles, was er messen kann. Streckenlänge, Temperatur, Höhenmeter, Schrankbreite des Schranks für Sportnahrung und natürlich den Puls. Dafür legt er sich sogar ein Band um, das ihn aussehen lässt wie ein Urlaubskoffer auf dem Heimweg von Kuala Lumpur. Das sogenannte

pulsgesteuerte Training erweist sich häufig als Mathekurs mit dem Schwerpunkt Prozentrechnen. Ruft der Läufer „Ich hab keinen Puls", gibt er damit nicht sein Ableben bekannt, sondern nur die Funktionsuntüchtigkeit des Kofferriemens bzw. der ärmlings getragenen Empfangsstation von Herzensbotschaften.

Q

Qual, die. Abkürzung von Qualifizierung.

Der Läufer läuft, auf dass es ihm gut gehe. Richtig gut geht es ihm dann, wenn es ihm schlecht geht. Oder kurz zuvor schlecht ging. Deshalb bevorzugt er unterwegs einen Hauch Qual. Sie sorgt dafür, dass er schneller laufen kann, als er kann, oder zumindest dachte, dass er könnte. Denn auch wenn alle Grenzen fallen – die des Läufers nicht. Allerdings weiß er nicht, wo sie sich befindet, weshalb er sie gelegentlich sucht, um an sie zu gehen. So erreicht er Zeiten, die niemanden interessieren, ihn selbst aber glücklich machen. (→Ergebnisliste).

Quasseln, das. Logorrhö.

Trifft ein bestimmter Läufertypus auf der Strecke auf einen anderen Läufer, spricht es aus ihm. Ungefragt berichtet er über Verletzungen und seine letzten Volksläufe, die wiederum in Verletzungen mündeten. Danach wechselt er abrupt das Thema und spricht über zukünftige Volksläufe, die möglich sein könnten, sofern die Verletzungen überwunden sind. Dieser Typus ist zu 92 % männlich. Spricht ein Läufer über

Rezepte, Liebesverhältnisse von Kollegen, die Wandfarbe des Kinderzimmers, den Haarschnitt von Markus Lanz, den Blasenkatarrh des Gatten oder den Kauf eines neuen Kugelschreibers so laut, dass es im Walde widerhallt, ist es mit der Wahrscheinlichkeit von 98 % eine Frau. Reden ist Silber, Quasseln ist Blech.

R

Regen, der. Applaus von oben.

Regen ist eine Definitionssache. Was Anhänger des Parkhaushoppings Regen nennen, ist für den Läufer allenfalls hohe Luftfeuchtigkeit. Apfelgroße Tropfen in sichtblockierender Dichte nennt der Läufer „einen kleinen Schauer". Erst herabstürzende Wassermassen in Art und Wesen einer Autowaschanlage akzeptiert der Läufer als „vorübergehend schlechtes Wetter". Er ist es gewohnt, die Lage zu seinen Gunsten zu drehen (→Mentale), und ist infolgedessen kaum in der Lage, widrige Umstände als solche zu erkennen. Selbst wenn Regen von Wind begleitet wird, zieht der Läufer beeindruckt das Genick ein, damit er keinen dicken Hals bekommt.

Runner's High, das Läufermysterium.

Laufen ist wie feucht aufwischen: Man kommt ins Schwitzen und dann schüttet man etwas aus. Beim Laufen handelt es sich nicht um eine trübe Brühe, sondern um etwas, für das man hinter Hauptbahnhöfen viel Geld bezahlen muss. Die körpereigene Apotheke liefert allerlei Schmerzlinderndes und Euphorisierendes, und das ganz ohne Rezept und

Zuzahlung. Einzige Bedingung: Man muss lange laufen. Bei Kurzstreckenhopplern wird das Runner's High häufig mit handelsüblicher Lebensfreude durch Bewegung an frischer Luft verwechselt.

S

Schlaf, der. Must-have.
Weltberühmte Läufer haben gestanden, nur deshalb zu laufen, weil sie so gern essen. Weniger bekannt ist, dass viele Läufer nur deshalb laufen, weil sie so gern schlafen. Das Phänomen der Schlafsucht, Überwachheit durch heimliche Nickerchen und Bettenbeschaffungskriminalität gehören zu den letzten Tabus unserer Gesellschaft. Bei vielen Menschen kommt es vor, dass sie sogar nachts unkontrolliert schlafen. Laufen sorgt dafür, dass sich die durch Schlafen angesammelte schädliche Energie abbauen kann. Immer wieder sieht man jedoch morgens schlaftrunkene Läufer in Schlangenlinien die Parks ansteuern, weil sie ihre Sucht nicht im Griff haben.

Schnitt, der. Rechenleistung.
Ein 6er-Schnitt ist nicht etwa eine spezielle Anforderung in der Meisterprüfung von Friseuren, sondern eine Durchschnittsgeschwindigkeit – die bei Läufern in Minuten pro Kilometer gemessen wird. Nicht Kilometer pro Stunde. Auch keine Knoten. Oder Warp. Der Schnitt wurde erfunden, damit der Läufer unterwegs immer etwas zu rechnen hat. Das hält ihn auf Trab. Mit fortdauerndem Laufen und

zunehmender Geschwindigkeit rechnet der Läufer allerdings ergebnislos ins Leere, weil das Gehirn das komplette Blut ins Gesicht pumpt, damit es rot wird. So steht für Rechentätigkeit kein Sauerstoff mehr zur Verfügung.

Singlet, das. Arosa schlitzverstärkt, ohne Arm.
Das Singlet ist ein T-Shirt, das aufgrund einer Missbildung keine Arme hat. Weil es selbst nicht gut aussieht, möchte es auch nicht, dass sein Träger gut aussieht. Das gelingt ihm. Das Singlet ist oft „luftig" geschnitten. Leiert es zusätzlich aus oder ist eine Nummer zu groß, verstört es den Betrachter nach dem Lauf durch den freien Blick auf einen großflächig verklebten Achselhaargarten und herabbaumelnde →Brustwarzenpflaster. Die verstörendste Form des Singlets ist das inzwischen zu Recht vom Aussterben bedrohte Netzhemd.

Stimmungsnest, das. Wortpustel eifriger TV-Kommentatoren bei Marathonveranstaltungen.
Das Stimmungsnest ist, ähnlich wie das Osternest, selten von überraschendem Inhalt. Statt Eier sind darin vereinzelte unbekannte Menschen mit je einer Tröte eingebettet, die auf einen gleichfalls unbekannten Angehörigen warten. Die dahinter abgebildete Straße ist in der Regel leer. Um die Ekstase auf ein öffentlich-rechtlich vertretbares Maß zu dimmen, atmen die Nesthocker je einmal ruckartig in die Tröte aus, bevor wieder zurück zu den noch wichtigeren Menschen geschaltet wird.

Streuselkuchen, der. Backwerk nach dem Tagwerk.
Anders als die Zigarette danach ist der Streuselkuchen

danach durch keine gesellschaftliche Ächtung getroffen und darf deshalb auch in frischen Beziehungen, also von Laufanfängern ohne Hemmungen genossen werden. Selbst bei stark puderzuckerhaltigen Sorten ist keine nennenswerte Feinstaubbelastung zu erwarten. Im Umfeld des Kuchenbuffets kommt es höchstens zu einer erhöhten Hausfrauendichte, die sich jedoch als völlig unschädlich erwiesen hat. Das wahre Ziel eines Volkslaufs lässt sich an deren atommeilergroßen Tortenhauben erkennen, die selbst bei großer Hitze und unentsteinten Kirschstreuseln eine Kernschmelze verhindern.

T

Tapering, das. Rumhängen und essen.
Ähnlich wie beim →Crosstraining wird man beim Tapering vom Nichtlaufen fit. Einige Zeit vor dem Wettkampf hängt der Läufer ab und sammelt dabei Kräfte wie andere Leute Pilze. Während normale Menschen beim Abhängen jedoch entspannen, wird der Läufer dadurch nervös. Das aktive Training zu beenden ist für ihn so, wie in Urlaub fahren und nicht wissen, ob man das Bügeleisen ausgemacht hat. Trotz aller Nervosität sollte der Läufer jedoch unbedingt die Füße stillhalten. Merke: Wenn das Haus abgebrannt ist, hilft es nichts, in der Asche nach dem Ausschalter des Bügeleisens zu suchen.

Tight, die. Strumpfhose ohne Strumpf.
In dem unvergessenen Song „Hold Me Tight" besangen die Beatles 1963 ihre Liebesbeziehung zu einer Laufhose. Tat-

sächlich war es seit jeher deren Aufgabe zu halten und zwar alles, was man zuvor hineingefüllt hat. Das gelingt nur unzureichend, immer wieder finden Beine durch die Hose hindurch früher oder später ins Freie. Männer sehen in langen Tights aus, als müssten sie die Strumpfhosen ihrer älteren Cousinen auftragen. Wer jedoch jemals versucht hat, in dem zu laufen, was man „Jogginghose" nennt, singt fortan den Chorus des Beatles-Songs.

Trinken, das. Gluck, gluck, gluck.
Läufer haben ein intensives Verhältnis zu ihrer Innenbenetzung. Sie trinken vor dem Volkslauf, damit sie rechtzeitig kommunikativ anstehen können. (→Dixihäuschen) Sie trinken während des Volkslaufs, um ohne Gesichtsverlust ein paar Schritte gehen zu können. Und sie trinken nach dem Volkslauf, dieses Mal, weil sie tatsächlich Durst haben. Am Abend trinken sie dann ihrer Gesundheit zuliebe nur noch besonders mineralreiche Getränke. (→Weizenbier)

U

Umweg, der. Trainingsextra.
Grundsätzlich unterscheidet man zwei Arten von Umwegen: Die gewollten (etwa durch Zeitung- oder Brötchenholen, Brombeerenpflücken oder die Besichtigung eines gerade gelandeten Ufos) und die ungewollten. Anders als beim Autofahren kommen Letztere nicht durch Läuferstaus, sondern durch läuferimmanente Selbstüberschätzung zustande. In der festen Überzeugung, eine Abkürzung zu nehmen, oder

eine neue kreative Wegstrecke zu wählen, landet der Läufer in Industriegebieten, Stacheldrähten und Mittagshitzen. (→Hungerast) In der Nachlese nutzt der Umweg jedoch der Heldenbildung. (→GPS)

Untergrund, der. Partner der Schwerkraft.
Wer mit dem Laufen beginnt, bevorzugt als Laufuntergrund eine Hüpfburg, notfalls auch eine moosige Lichtung. Doch mit erweitertem Aktionsradius lässt sich auch härterer Untergrund nicht länger vermeiden. Dieser wird jedoch immer nur kurz angesteuert, um schnellstmöglich wieder auf Muttererde herumzufedern. Da Laufanfänger jedoch City-Events bevorzugen (→Event) und die Innenstädte zuvor selten mit Berberteppichen ausgelegt werden, führt die Teilnahme häufig zu →Knie. Kluge Läufer halten es daher wie LKW-Fahrer: Sie machen den Asphalt zu ihrem Freund.

Übertraining, das. Ausrede.
Wer sich auf der →Ergebnisliste in unmittelbarer Nähe von Vereinsnamen wie „Running Beer Bellys" oder „Rollatorfreunde Feldmoching" wiederfindet, obwohl er auf einen Podestplatz spekulierte, wird danach selten sagen, er habe zu schlecht oder gar zu wenig trainiert. Viel beliebter ist der Begriff des Übertrainings. Im Grunde, so sieht es der Läufer selbst, hat er zu gut trainiert. Er hat eine unfassbar gute Form, nur eben nicht hier und jetzt. Die war eben schon. Der Läufer war seiner Zeit voraus. Also schneller. Also eigentlich Sieger. Mehr muss der Übertrainierte nicht wissen.

V

Vaseline, die. Voll fett.

Legt jemand im Drogeriemarkt eine Dose Vaseline aufs Kassenband, handelt es sich mit großer Wahrscheinlichkeit nicht um einen Pornodarsteller, sondern um einen Läufer. Vaseline, vor dem Laufen in der Nähe von Rundungen auf des Läufers Ecken und Kanten aufgetragen, verhindert erfolgreich Wundstellen. (→Wolf) An den Füßen verjagt sie Tuten und Blasen. Aber Obacht! Greift der Läufer zu tief in den Topf, kommt es leicht zu einem marmeladigen Gefühl im Schuh und in den nach dem Lauf erhitzten Socken lässt sich problemlos der ein oder andere Dim Sum frittieren.

Verpflegung, die. Nom nom nom.

Läufer sind in der Regel leidenschaftliche Esser, die das Kauen auch unterwegs nur ungern einstellen. So speist sich die Motivation, an einem Ultralauf teilzunehmen, im Wesentlichen aus der Möglichkeit, während des Laufens praktisch ununterbrochen zu essen. Muss der herkömmliche Marathonläufer meist mit →Bananen oder →Gel vorlieb nehmen, dürfen Ultraläufer auch mit Haferschleim, Keksen, Muffins oder Schmalzbroten rechnen. Der Lauf ist denn auch die einzige Zeitspanne, in der der Läufer keine Nudeln zu sich nimmt. (→Carboloading) Isst der Läufer tatsächlich einmal gar nicht, ersetzt er eine Mahlzeit gerade durch →Weizenbier.

W

Wald, der. Teilüberdachtes Laufareal.

Wälder sind mehr oder weniger große Baumansammlungen, die angelegt wurden, damit der Läufer im Sommer Kühle und Schatten findet. Im Herbst werden die Laufwege in der Regel mit Blättern bestreut, um die zum Saisonende müden Läuferknochen zu puffern. In der vollautomatischen Sportanlage werden mögliche Transpirationsgerüche durch Pflanzenaromen überdeckt, sodass für ein angenehmes Atemklima gesorgt ist. Zusätzlich ist die Luft durch Eichhörnchen und Spechte angereichert. Auch dauert der Weg zum nächsten Pilz meist nicht länger als sieben Minuten, was den Wald als Laufterritorium sehr beliebt macht.

Weizenbier, das. Isotonische Mahlzeit.

Die Vorliebe des Läufers für Weizenbier hat verschiedene Ursachen. Zum einen wird es in der Regel in einem Glas geliefert, dessen Kapazität mit dem Läuferdurst korreliert. Zum anderen ist es angeblich isotonisch (→Iso-Getränke) und Läufer lieben Ernährungs-Voodoo. Zum dritten macht es a) satt (was wichtig ist, da der Läufer immer Hunger hat) und b) betrunken (was ebenfalls wichtig ist, damit der Läufer vergisst, dass er nicht betrunken sein sollte). Lauf- und Sauf-Training gehören zusammen wie Yin und Yang, Romeo und Julia, Provinz-Volksläufe und Bonnie Tyler.

Wolf, der. Aufreibende Fauna.

Nicht nur in der Lausitz, auch zwischen Läuferbeinen und Pobacken ist der Wolf wieder heimisch geworden. Siedelt er dicht am Läuferkörper, ist er ein wenig schneubisch und heult nicht mehr selbst. Er lässt heulen und zwar dann, wenn ihn ein Duschstrahl oder eine Wolke Duschgel trifft. Zur Rudelbildung neigt er auch hier, ein Wolf kommt selten allein. Das Refugium des im Alter krustigen Kerlchens ist beengt und dunkel, er möchte ungestört bleiben. Besonders bevorzugt er den unmittelbar südlich des Taillenäquators liegenden Bereich. Blutige Spuren nährten den Verdacht, es könne am Läuferkörper Werwölfe geben (halb Wunde, halb Wolf). Weitere Forschungen stehen noch aus.

X

X-Beinigkeit, die. Frauenlaufstil.
Allen Genderdiskussionen zum Trotz laufen Frauen anders. Zum Beispiel anders als die neben ihnen laufenden Frauen. Aber auch als viele Männer. Frauen sind kommunikative Wesen und besitzen infolgedessen ebenso kommunikative Körperteile. Oberschenkel und Knie suchen stets die Nähe zum Pendant nebenan. Dabei haben die Waden häufig das Nachsehen – im Laufschritt driften sie voneinander weg, damit sich die oberen Beinareale besser miteinander austauschen können. So werfen Frauen den Turbo an – und die Füße zur Seite.

Y

Ypsilon-Figur, die. Athletenkörperform.

Obwohl der Läufer ein Athlet ist, sucht man die Ypsilon-Form bei ihm vergebens. Der ideale Läufer ist ein vermeintlich muskelfreier Hering, der sich im Supermarkt die Cornflakespackung herunterreichen lassen muss. Somit stimmt die von Manfred Steffny erfundene Einteilung in „Bleistifte" und „Radiergummis" nur bedingt, es sei denn, es sind oft bespitzte Bleistifte gemeint. Der kräftige Läufer der Radiergummiform (→Weizenbier) wird im Übrigen von Laien immer unterschätzt. Er vermag es häufig mühelos, zerbräunte Abercrombie-&-Fitch-Körper mit wehendem Speck unter den Tisch zu laufen.

Z

Zatopek, Emil. Gelehrter und T-Shirt-Poet.

Emil Zatopek (1922–2000) war ein tschechischer Wissenschaftler, der sich intensiv mit den Fortbewegungsarten von Fischen, Vögeln und Menschen auseinandersetzte. Überdies schrieb er zahlreiche Aphorismen für T-Shirts und Internetforen-Signaturen. Zatopek wurde auch für seine Edelmetallforschungen bekannt – als Einzigem gelang es ihm, in Finnland gleich drei größere Goldnuggets hintereinander zu schürfen. In seiner knappen Freizeit pflegte er sein seltenes Hobby, das Trockenrudern. Es wird ohne Boot, aber in schnellem Laufschritt unter intensivem Kopfwackeln und mit lokomotivischem Schnaufen ausgeführt.

Zieleinlauf, der. Gesichtszügelifting.
Der Zieleinlauf ist keine ärztliche Maßnahme zur Stimulati-
on der propulsiven Peristaltik, sondern ein gesichtschirurgi-
scher, noninvasiver Eingriff, den Läufer ohne besondere Vor-
kenntnisse an sich selbst vornehmen können. Dazu müssen
bei erwachsenen Läufern zuvor mindestens 5 km unter die
Füße genommen werden. Im Anschluss übertritt der Läufer
eine markierte Linie. Der Effekt sind Muskelkontraktionen
im Bereich der Arme, die diese nach oben schnellen lassen,
vor allem aber solche im Wangenbereich, die ein unwillkür-
liches Anheben der Mundwinkel zur Folge haben. Das Lif-
ting hält oft Tage an und kann beliebig oft ohne ärztliche
Aufsicht wiederholt werden.

Danke.

Wer schreibt, der bleibt. Vor allem zweifelnd, ob das Ge-schriebene nicht vielleicht doch besser der Löschung anheim-fallen sollte. Da tut Unterstützung not und wohl. Besonde-rer Dank gebührt in diesem Sinne all denen, die sich nicht im Mindesten für das Laufen interessieren, aber ihr ganzes schauspielerisches Talent aufbieten, um mir darzulegen, dass sie diese ohnehin schon ungeheuer spannende Materie nie-mals spannender erlebt hätten, ja, durch die Lektüre meiner Texte das Laufen neuerdings für das Aufregendste hielten, was Menschen überhaupt tun können. Nie bin ich liebevoller belogen worden.

Möglich geworden ist das Buch aber erst durch Nina Seitz, die sich um Layout, Titel und Satz verdient gemacht hat – und das zusätzlich zur großartigen mentalen Unterstützung. Die stets bedarfsgerechte Auswahl von beruhigendem Tee oder alkoholischem Kaltgetränk durch die seelenruhige Art-Direktorin kann außerdem autorenseitig nicht hoch genug geschätzt werden. Dank geht auch an Kerstin Thürnau, die unverdrossen und akribisch auch dudenferne Wörter einer strengen Prüfung unterzog.

Lob und Preis gebührt weiterhin Thomas Wilmer für oscarreife Schauspielleistungen und Jochen Malmsheimer für alles. Aus-drücklich und liebst gedankt sei außerdem Sigi Bullig, Martin Grüning, Kay Henkel, André Kossmann, Boris Potschubay, Heimar Schröter, Konrad Wenzel und Nina Wurman sowie allen Leserinnen und Lesern von laufen-mit-frauschmitt.de, die mir durch aktive oder passive Rückmeldungen Mut machen, weiterzuschreiben.

Heidi Schmitt
Jubiläumsbecher in der Busspur
Laufgeschichten aus der
Provinz und von Anderswo.
BoD – Books on Demand
ISBN: 978-3-8482-2252-0
180 Seiten, 13,90 Euro

Ein Volkslauf ist wie das Leben. Anstrengend, komisch, durchsetzt mit seltsamen Leuten und manchmal schlecht riechend. Und da nun das Leben bekanntlich die besten Geschichten schreibt, tun es Läufe allemal. Besonders, wenn sie in der Provinz statt finden. Dort, wo ein Lauf noch ein Lauf ist und kein Event. Wo das Mikro pfeift und der Bürgermeister rasch vierhundert Jahre Ortschronik Revue passieren lässt, bevor er den Startschuss gibt. Wo Bonnie Tyler den morschen Lautsprecher sprengt. Hier entstehen Geschichten, die von den Kuriositäten am Streckenrand künden. Und davon, worauf es am Ende wirklich ankommt: Auf den Streuselkuchen danach.

„Niemand hat je den Mikrokosmos eines Volkslaufs oder die Eigenheiten des Läuferlebens so genau, so komisch und so liebevoll zugleich seziert. Ein Muss für alle Nicht-Läufer, die Läufer verstehen wollen – und für alle Läufer, die zur Abwechslung mal ihre Lachmuskeln trainieren wollen."
Frank Hofmann, Chefredakteur RUNNER'S WORLD
(2007-2013)

Lightning Source UK Ltd.
Milton Keynes UK
UKHW041154071219
354923UK00001B/63/P